# Kleine Spiele zum Großwerden für 2-Jährige

Jackie Silberg

Jeden Entwicklungsschritt gezielt begleiten

Verlag an der Ruhr

# Impressum

Titel der deutschen Ausgabe:
**Kleine Spiele zum Großwerden für 2-Jährige**
Jeden Entwicklungsschritt gezielt begleiten

Titel der amerikanischen Originalausgabe:
Games to Play with Two Year Olds
© 2002 Jackie Silberg
Published by Gryphon House, Inc., Beltsville, MD 20705

**Autorin:** Jackie Silberg
**Titelbildmotiv:** © Brebca – Fotolia.com
**Bild Umschlag-Rückseite:** © Pavel Losevsky – Fotolia.com
**Illustrationen:** Norbert Höveler
**Übersetzung:** Rita Kloosterziel
**Bearbeitung für Deutschland:** Verlag an der Ruhr
**Druck:** CS-Druck CornelsenStürtz GmbH, Berlin

**Verlag an der Ruhr**
Alexanderstraße 54 – 45472 Mülheim an der Ruhr
Postfach 10 22 51 – 45422 Mülheim an der Ruhr
Tel.: 02 08 / 439 54 50 – Fax: 02 08 / 439 54 239
E-Mail: info@verlagruhr.de
www.verlagruhr.de

© der deutschen Ausgabe: Verlag an der Ruhr 2009
ISBN 978-3-8346-0469-9

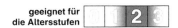

Die Schreibweise der Texte folgt der neuesten Fassung
der Rechtschreibregeln – gültig seit August 2006.

Gedruckt auf chlorfrei gebleichtes Papier.

Wir sind seit 2008 ein ÖKOPROFIT®-Betrieb und setzen uns damit aktiv
für den Umweltschutz ein. Das ÖKOPROFIT®-Projekt unterstützt Betriebe
dabei, die Umwelt durch nachhaltiges Wirtschaften zu entlasten.

Alle Vervielfältigungsrechte außerhalb der durch die Gesetzgebung eng
gesteckten Grenzen (z.B. für das Fotokopieren) liegen beim Verlag. Der Verlag
untersagt ausdrücklich das Speichern und Zur-Verfügung-Stellen dieses
Buches oder einzelner Teile davon im Intranet, Internet oder sonstigen
elektronischen Medien. Kein Verleih.

# Inhaltsverzeichnis

- 8 Vorwort
- 10 Meilensteine der kindlichen Entwicklung
- 13 Hinweise zur praktischen Umsetzung der Spiele

## Spiele für 25 bis 27 Monate

- 16 Schleichen wie ein Kätzchen
- 17 Der kleine Hase Flopp
- 18 Summ, summ, summ …
- 19 Allerlei Tierchen
- 20 Wie macht der Hund?
- 21 Zeig mir, wie du …
- 22 Und hops und hops …
- 23 Lustiger Flatterbänder-Tanz
- 24 Adams Söhne
- 25 Eins, zwei, drei – und laufen!
- 26 Mit meinen Füßen kann ich hopsen
- 27 Rundherum und rundherum
- 28 Die Füße, die hüpfen
- 29 Wie viele Schritte sind es?
- 30 Kniebeugen
- 31 Ich habe Zehen
- 32 Tanz mit dem Bären
- 33 Jetzt fahrn wir übern See
- 34 Der Schneider macht Kleider
- 35 Pferdchen, lauf Galopp
- 36 Hänschen klein
- 37 Wollt ihr wissen?
- 38 So reiten die Herren einmal anders
- 39 Eine Spur legen
- 40 Ringel, Ringel, Reihe
- 41 In die Hände klatschen wir
- 42 Spiel mit Tüchern
- 43 Wer bekommt den Schal?
- 44 Fingerspiel mit Daumenteufelchen
- 45 Es regnet auf …
- 46 An jeder Hand fünf Finger
- 47 Leg den Finger an die Nase
- 48 Ein Besuch beim Schuster
- 49 Spaziergang mit Anfassen
- 50 Schnee im Zimmer
- 51 Ein Spaziergang mit Geräuschen
- 52 Das Vogelnestchen in der Hand
- 53 Der Wecker im Versteck
- 54 Eins – zwei – drei, was hör ich da?
- 55 Horch mal, was da drin ist!
- 56 Brumm, brumm Auto
- 57 Fenster-Gespräch

## Spiele für 28 bis 30 Monate

- 60 Wörter singen
- 61 Mi-, Ma-, Mausekind
- 62 Märchenstunde
- 63 Lausche deinem Namen
- 64 Singend durch den Tag
- 65 Schlafe gut!
- 66 Ein ganz persönliches Familienalbum
- 67 Wir bauen gemeinsam einen Zug
- 68 Dort soll dein Spielzeug liegen
- 69 Badezeit für die Puppe
- 70 Wasserspiele
- 71 Formen aus essbarer Knete
- 72 Mit Formen gestalten
- 73 Experimente mit Rubbelbildern
- 74 Papierspaß
- 75 Pizzaspaß
- 76 Die Weintraubenraupe
- 77 Selbstgestaltete Orangengesichter
- 78 Beerenstark
- 79 Affenfutter

| | | | |
|---|---|---|---|
| 80 | Müsli mischen | 100 | Bewegungsreim mit Hans und Franz |
| 81 | Samen wachsen lassen | | |
| 82 | Kekse sortieren | 101 | Die Stickerspur |
| 83 | Spaß mit Äpfeln | 102 | Bewegungsspaß mit Stoppschild |
| 84 | Spaß mit dem Schwamm | | |
| 85 | Eins, zwei, fideldumdei | 103 | Karussellfahren mit dem Teddy |
| 86 | Zählspaziergang | 104 | Bär in der Höhle |
| 87 | Ein Uhr, zwei Uhr | 105 | Gute Nacht, Teddy! |
| 88 | Ich habe eine Nase | 106 | Ein Einschlafgedicht |
| 89 | Drei kleine Katzen | 107 | Kleines Schäfchenspiel |
| 90 | Die vier kleinen Mäuse | 108 | Klatschen, stampfen, wackeln |
| 91 | Die Überraschungstüte | 109 | Ein Schaukelspiel |
| 92 | Die Zehen wackeln | 110 | Zapple mit den Armen |
| 93 | Was meine Hände alles können | 111 | Alle meine Entchen |
| 94 | Grimassen schneiden | 112 | Fünf Äffchen |
| 95 | Auf dem Klebestreifenpfad | 113 | Das ist der Daumen |
| 96 | Das Bewegungsspiel | 114 | Eisenbahn spielen |
| 97 | Quer durch den Raum | 115 | Kleines Spiel zum Neinsagen |
| 98 | Wir hüpfen bis zur Wand | 116 | Bären essen Honig |
| 99 | Ein tierischer Bewegungsreim | 117 | Die Drachendame Kunigund |

 ## Spiele für 31 bis 33 Monate

| | | | |
|---|---|---|---|
| 120 | Hanns Hansens Hans | 140 | Finde deinen Namen |
| 121 | Ein Schuh aus, ein Schuh an | 141 | Gesammelte Kunstwerke |
| 122 | Ein Kitzelreim | 142 | Wie groß ist die Sonnenblume? |
| 123 | Eins, zwei, drei – singen! | 143 | Frühlingsentdeckungen |
| 124 | Lustiger Tanz mit Stickerfiguren | 144 | Viele bunte Flattertiere |
| 125 | Regenlieder | 145 | Sprinkler-Spiele im Sommer |
| 126 | Und wo wohnst du? | 146 | Glatt oder rau? |
| 127 | Schläfst du noch? | 147 | Förmchenkunstdruck |
| 128 | Das Flüsterspiel | 148 | Wattebauschbilder |
| 129 | Bildergeschichten | 149 | Formenreiche Regenbilder |
| 130 | Der Lebkuchenmann | 150 | Malst du mich? |
| 131 | Selbstgemachtes Autobüchlein | 151 | Bastelei mit Zahlen |
| 132 | Glückliche Tiere, traurige Tiere | 152 | Farbexperimente |
| 133 | Traurig oder froh? | 153 | Gerollte Butterbrote |
| 134 | Löffelgesichter | 154 | Leckere Obstspießchen |
| 135 | Gesichtsausdrücke | 155 | Kürbisschnitzereien |
| 136 | Ein Handschuhgespräch | 156 | Rudolph als Butterbrot |
| 137 | Ein Ich-Büchlein | 157 | Allerlei Knabberei |
| 138 | Geschichtenzeit | 158 | Kleines Kochvergnügen |
| 139 | Satzbaustellen | 159 | Die Bausteinstraße |

| | | | |
|---|---|---|---|
| 160 | Welcher Deckel passt? | 171 | Spring ins Meer! |
| 161 | Wohin mit dem Teddy? | 172 | Mach's mir nach! |
| 162 | Lustiges Aufräumen | 173 | Das Seilchen-Nachmach-Spiel |
| 163 | Welche Verkleidung soll es sein? | 174 | Bewegung im Doppelpack |
| 164 | Formen fühlen | 175 | Pusten wie der Wind |
| 165 | Was kannst du fühlen? | 176 | Hör mal, wer da spricht! |
| 166 | Ringel, Ringel, Rosen | 177 | Eine kleine Fingerfamilie |
| 167 | Geräuscheraten | 178 | In der Erde steckt ein Samen |
| 168 | Könntest du mir bitte …? | 179 | Fünf kleine Enten |
| 169 | Elefantenparade | | |
| 170 | Hüpfen wie ein Hampelmann | | |

## Spiele für 34 bis 36 Monate

| | | | |
|---|---|---|---|
| 182 | Der Eichhörnchen-Bewegungsreim | 212 | Ich sehe was, was du nicht siehst |
| 183 | Kleiner Igel, wann wachst du auf? | 213 | Lustiges Verwechslungsspiel |
| 184 | Der Turm, der wackelt | 214 | Wer ist auf dem Bild? |
| 185 | Fünfe, Viere, Dreie … | 215 | Gleich und verschieden |
| 186 | Nimm die Eins | 216 | Karten spielen |
| 187 | Fräulein Hannchen | 217 | Ein Farbensuchspiel |
| 188 | Ein Hut, ein Stock, ein Regenschirm | 218 | Was fehlt? |
| | | 219 | Tier-Mix |
| 189 | Sing dein Lieblingslied | 220 | Von roten und von grünen Bohnen |
| 190 | Der musikalische Floh | 221 | Eine Party feiern |
| 191 | Kling, Glöckchen | 222 | Teddys Geburtstagsparty |
| 192 | Wir rütteln und schütteln | 223 | Hut-Theater |
| 193 | Wer singt denn da? | 224 | Farbenwischerei |
| 194 | Spaß am Telefon | 225 | Verschiedene Formen |
| 195 | Wer ist an der Tür? | 226 | Kreise malen |
| 196 | Mit dem Teddy unterwegs | 227 | Zeig das Viereck, zeig den Kreis |
| 197 | Teddy-Quiz | 228 | Rotes Essen |
| 198 | Das sprechende Zimmer | 229 | Viele, wenige, einer |
| 199 | Tiergeschichte mit Geräuschen | 230 | Kreidezahlen |
| 200 | Eine Geschichte spielen | 231 | Schwerer oder leichter? |
| 201 | Finde das passende Bild | 232 | Tuchverkäufer |
| 202 | Spielzeug-Geschichten | 233 | Was kreucht und fleucht im Blumenbeet? |
| 203 | Familie Fingerhut | 234 | Tierspuren und Vogelzwitschern |
| 204 | Plauderei mit der Handpuppe | 235 | Kleiner Blumenforscher |
| 205 | Löffelpuppen-Spiele | 236 | Reise durch die Natur |
| 206 | Der Strumpfschneemann | 237 | Was fehlt in der Kiste? |
| 207 | Häschen in der Grube | 238 | Sternengefunkel |
| 208 | Die fliegende Fingerpuppe | 239 | Schlafendes Kätzchen |
| 209 | Die Tierpuppen-Bühne | | |
| 210 | Licht an, Licht aus | | |
| 211 | Teddybär, Teddybär, was siehst du? | 240 | Literatur, Musik und Internet |

# Vorwort

> Dieses Buch ist den 2-jährigen Kindern gewidmet, die viel Freude in unser Leben bringen.

Als frisch gebackene Mutter mit einem niedlichen kleinen Kind wurde ich von erfahrenen Eltern gewarnt: Das dritte Lebensjahr sei ein „schlimmes Alter" und ich solle mich darauf gefasst machen, dass sich mein Kind in ein wahres Monster verwandeln würde.

Als mein Sohn zwei Jahre alt wurde, wappnete ich mich gegen alle möglichen negativen Verhaltensweisen. Statt des erwarteten kleinen „Monsters" hatte ich es jedoch mit einem entzückenden, neugierigen, interessanten, liebenswürdigen und bezaubernden 2-Jährigen zu tun, der vor Lebensfreude nur so sprühte.

War mein Sohn einfach anders als andere Kinder? Überhaupt nicht! Die seit Generationen kursierenden Schreckensmeldungen über dieses „schlimme Alter" kann ich nicht bestätigen. In Wirklichkeit sind 2-jährige Kinder erstaunliche kleine Wesen, die mit ihrer Neugier und Unbefangenheit sehr viel Freude und Wärme weitergeben.

Natürlich stoßen Kinder oft an ihre eigenen (körperlichen) Grenzen oder an Grenzen, die ihnen durch Erwachsene gesetzt werden. Ihr unbeirrbarer Drang nach selbstständigkeit kann sich dann schon mal in trot-

---

Diese Tiersymbole finden Sie bei dem jeweiligen Alter in den entsprechenden Kapiteln der drei Bände „Kleine Spiele zum Großwerden …" für **Babys**, **1-Jährige** und **2-Jährige**:

| | | | | Band 1 (für Babys) | | | Band 2 | |
|---|---|---|---|---|---|---|---|---|
| | 0–3 | 4–6 | 7–9 | 10–12 | 13–15 | 16–18 | | |

Monate

zigem Verhalten und Äußerungen wie „Nein", „kann ich" und „alleine machen" zeigen. Geben Sie dem Kind die Liebe und Unterstützung, die es in solchen Situationen benötigt, und lassen Sie sich nicht verunsichern.

Bieten Sie dem Kind Möglichkeiten an, die Initiative zu übernehmen und selbstbewusst zu entscheiden. Damit machen Sie ihm das größtmögliche Geschenk.

Viel Spaß mit den 2-Jährigen!

**Jackie Silberg**

Spiele, mit deren Hilfe Sie die Entwicklungsschritte von Babys im 1. und Kindern im 2. Lebensjahr unterstützen können, finden Sie in den Bänden:

**Kleine Spiele zum Großwerden für Babys**

**Kleine Spiele zum Großwerden für 1-Jährige**

... für 2-Jährige

# Meilensteine der kindlichen Entwicklung

In diesem Kapitel finden Sie eine Übersicht über Fähigkeiten, die ein Kind bis zum dritten Lebensjahr lernt. Selbstverständlich entwickelt es in diesem Lebenszeitraum noch weitere Fähigkeiten. Hier sind nur die wichtigsten aufgeführt. Sie sind nach drei Kategorien geordnet:

▷ motorische und visuomotorische Fähigkeiten,
▷ sprachliche und kognitive Fähigkeiten und
▷ soziale und emotionale Fähigkeiten.

Jedes Kind entwickelt sich auf seine ganz eigene und unverwechselbare Weise. Deshalb dient die folgende Aufstellung auch nur zur groben Orientierung über die Fähigkeiten, die sich ein Kind vor seinem dritten Geburtstag wahrscheinlich aneignet. Lassen Sie sich aber nicht verunsichern, wenn das Kind bestimmte Fähigkeiten erst später erreicht, sondern geben Sie ihm die benötigte Zeit. Ein Erfahrungsaustausch mit Eltern und Erzieherinnen* kann viele Unsicherheiten und Zweifel beseitigen.

---

\* Aus Gründen der besseren Lesbarkeit haben wir in diesem Buch durchgehend die weibliche Form verwendet. Natürlich richtet sich das Buch gleichermaßen auch an Väter, Erzieher, Pädagogen etc.

## Meilensteine von 25 bis 36 Monaten

### Motorische und visuomotorische Fähigkeiten

**Das Kind ...**
▷ kann sicher rennen und sich dabei auch umdrehen sowie sicher stoppen.
▷ kann mit beiden Beinen gleichzeitig abspringen.
▷ kann für kurze Zeit auf einem Bein stehen.
▷ setzt beim Treppensteigen jeweils einen Fuß auf eine Stufe.
▷ balanciert auf einem Balken.
▷ klettert gut und springt aus unterschiedlichen Höhen auf den Boden.
▷ fährt mit dem Dreirad oder einem ähnlichen Gefährt.
▷ kann einen großen Ball fangen.
▷ kann Behälter auf- und zuschrauben.
▷ kann einen Bogen Papier zusammenfalten.
▷ kann große Perlen auf ein Band fädeln.
▷ kann eine gerade Linie zeichnen.
▷ hält wie ein Erwachsener einen Stift.
▷ versucht, eine Schere zu benutzen.

### Sprachliche und kognitive Fähigkeiten

**Das Kind ...**
▷ verwendet Mehrwortsätze.
▷ kann sich bei fast allen Menschen verständlich machen.
▷ spricht neue Wörter und kurze Sätze korrekt nach („Echololie").
▷ versteht die Begriffe wie „in", „aus", „unten", „oben".
▷ verwendet Pronomen.
▷ ist zugänglicher für logische Erklärungen und wird daher allmählich sensibler für Gefahrenquellen.

▷ kann die Mengenbegriffe „eins" und „viele" verstehen und unterscheiden.
▷ kann komplexere Puzzle (aus zwei oder drei Teilen) zusammensetzen.
▷ kann Sachen nach Farbe, Form oder Größe sortieren.
▷ kann verwandte Objekte einander zuordnen.
▷ entwickelt eine lebhafte Fantasie und ist sehr kreativ.
▷ spricht von sich selbst in der „Ich"-Form.
▷ verwendet Nomen im Plural.
▷ kennt die Namen einiger Farben.
▷ hinterfragt vieles, indem es viele „Warum"-Fragen stellt.

## Soziale und emotionale Fähigkeiten

### Das Kind ...

▷ kann eine doppelte Aufforderung umsetzen (z.B. „Hol bitte deine Schuhe und meine Tasche.").
▷ spricht mit sich selbst und seinen Puppen beim Spielen.
▷ macht erste kleine Rollenspiele (z.B. mit Puppen oder Stofftieren).
▷ spielt erste „Als-ob"-Spiele.
▷ kann sich für einige Zeit von der Hauptbezugsperson trennen.
▷ spielt mit anderen Kindern zusammen.
▷ möchte Freundschaften schließen.
▷ isst mit Löffel und Gabel und trinkt aus einem Glas.
▷ zieht sich „einfache" Kleidungsstücke wie Schuhe und Socken allein an.
▷ kann auf Nachfrage seinen vollen Namen nennen.
▷ hilft beim Aufräumen oder anderen Tätigkeiten im Haushalt, z.B. Tischdecken.
▷ erlebt sich selbst als eigenständige Persönlichkeit.

# Hinweise zur praktischen Umsetzung der Spiele

Die Spiele in diesem Buch sind als hilfreiche Anregungen für Eltern, Großeltern oder andere Bezugspersonen des Kindes genauso geeignet wie für Krippenerzieherinnen in pädagogischen Einrichtungen oder für Tagesmütter. Als Erzieherin oder Tagesmutter sollten Sie bei der Umsetzung die entsprechenden Vorgaben und Bestimmungen, zum Beispiel zur Hygiene, beachten, die in Ihrer Einrichtung gelten. Sie können die Spiele aber – falls erforderlich – mühelos abwandeln.

In vielen Spielen wird wörtlich beschrieben, was Sie dem Kind in der Spielsituation sagen können. Die Sätze sind selbstverständlich nur als Beispiele gedacht und müssen nicht wörtlich von Ihnen übernommen werden.

Bei jedem Spiel wird angegeben, was Babys dabei lernen können. Dabei sind die Spiele in folgende vier Alterskategorien aufgeteilt:

**Spiele für ...**    **25 bis 27 Monate**    **28 bis 30 Monate**

 **31 bis 33 Monate**    **34 bis 36 Monate**

Die Spiele der Alterskategorien sind grob an die kindliche Entwicklung angelehnt. Altersangaben für die einzelnen Spiele in diesem Buch sind aber nur als Orientierung gedacht. Bedenken Sie, dass sich jedes Kind in seinem eigenen Tempo entwickelt. Lassen Sie sich bei der Auswahl der Spiele davon leiten, was Sie über die einzelnen Kinder wissen.

# Spiele für 25 bis 27 Monate

Was das Kind dabei lernt:
## Koordination

# Schleichen wie ein Kätzchen

*Spiele für 25 bis 27 Monate*

Kinder haben eine besondere Vorliebe für Tiere und somit sicher viel Freude an diesem tierischen Rollenspiel.

### So geht es

▶ Legen Sie Bilder von Tieren bereit, die das Kind kennt und mag (z.B. aus Zeitschriften). Kleben Sie jedes Bild auf ein Stück Fotokarton.

▶ Zeigen Sie dem Kind die Tierbilder, und unterhalten Sie sich mit ihm über die Tiere. Überlegen Sie gemeinsam, welche Laute die abgebildeten Tiere von sich geben und wie sich bewegen.

▶ Ahmen Sie einzelne Tiere nach, und ermuntern Sie das Kind, es ebenfalls zu versuchen. Übertreiben Sie die Art und Weise, wie verschiedene Tierarten sich fortbewegen. Machen Sie beispielsweise besonders schwerfällige Schritte, wenn Sie einen Elefanten nachahmen, um die typische Gangart eines Dickhäuters für das Kind zu verdeutlichen. Ein Kätzchen dagegen könnten Sie durch rasche, leichte Bewegungen darstellen.

▶ Lassen Sie das Kind ein Bild auswählen, und nennen Sie den Namen des ausgesuchten Tieres. Ermuntern Sie das Kind, die Bewegungen dieses Tier nachzumachen.

Was das Kind dabei lernt:
**Koordination**

# Der kleine Hase Flopp

Beim Rollenspiel kann das Kind mit Hilfe seiner Fantasie die Welt einmal aus einer anderen Perspektive betrachten – zum Beispiel aus der Sicht eines Häschens.

## So geht es

▶ Sehen Sie sich mit dem Kind zusammen Bilder von Kaninchen und Hasen an (z.B. in einem Bilderbuch). Ahmen Sie das Hüpfen und Schnuppern eines Hasen nach.

▶ Ermuntern Sie das Kind, ebenfalls einen Hasen zu spielen.

▶ Sprechen Sie dem Kind die folgenden Verse vor – begleitet von den entsprechenden Fingerbewegungen:

**Hoppel, hoppel, hopp,** (Zeige- und Mittelfinger wie Hasenohren hochhalten)
**ich bin der kleine Hase Flopp.**
**Ich wackle manchmal mit den Öhrchen** (mit den „Hasenohren" wackeln)
**und fresse gerne frische Möhrchen.** (die Lippen lecken)
**Ich habe kuschelweiches Fell,** (mit der anderen Hand über den Handrücken streichen)
**und rennen kann ich blitzeschnell.** (die Hand hinter dem Rücken verschwinden lassen)

... für 2-Jährige

Was das Kind dabei lernt:
**Denkfähigkeiten**

*Spiele für 25 bis 27 Monate*

# Summ, summ, summ ...

Dieses Rollenspiel „beflügelt" die kindliche Fantasie.

## So geht es

▶ Sprechen Sie mit dem Kind über die unterschiedlichen Tiere, die es kennt. Überlegen Sie gemeinsam, welche Geräusche diese Tiere machen.

▶ Summen Sie, als wären Sie Bienen, und „fliegen" Sie mit seitlich ausgestreckten Armen durch den Raum.

▶ Erklären Sie dem Kind, dass es Zeit für die Bienen ist, schlafen zu gehen. Schließen Sie die Augen, und tun Sie so, als schliefen Sie.

▶ Nach einer kurzen Weile sagen Sie zu dem Kind: **„Aufgewacht, kleine Biene!"** Atmen Sie tief ein, und summen Sie, wenn Sie die Luft wieder ausatmen. Ermuntern Sie das Kind, es Ihnen nachzumachen.

▶ Summen und „fliegen" Sie erneut durch den Raum.

## Tipp

Spielen Sie dieses Spiel mit immer anderen Tiergeräuschen. Das Lustigste ist, wenn Sie tief Luft holen und beim Ausatmen bellen, zwitschern oder grunzen.

Was das Kind dabei lernt:
**Tierlaute**

# Allerlei Tierchen

2-Jährige Kinder grunzen, bellen und miauen mit wachsender Begeisterung. Sie sind richtig stolz, wenn sie alle möglichen Tiere nachmachen können. Sie werden einen tierischen Spaß an diesem Spiel haben.

## So geht es

▶ Sehen Sie sich mit dem Kind Bilderbücher über Tiere an.
Fragen Sie: „Wie macht ein Schwein? Wie macht ein Hund?"
Ermuntern Sie das Kind, die Tierlaute nachzuahmen.

▶ Sprechen Sie diesen Vers, und lassen Sie das Kind die Tierlaute am Ende der vierten Zeile ergänzen.

Die Schweine, die machen „oink, oink, oink",
die Schweine, die machen „oink, oink, oink",
die Schweine, die machen „oink, oink, oink",
die Schweine machen (hier springt das Kind ein) „oink, oink, oink."

▶ Erfinden Sie weitere Verse nach diesem Muster. Reservieren Sie das Bellen, Miauen, Gackern, Quaken und Summen in der vierten Zeile für das Kind.

Die Hunde, die machen „wau, wau, wau", …
Die Katzen, die machen „miau, miau", …
Die Hühner, die machen „gack, gack, gack", …
Die Frösche, die machen „quak, quak, quak", …
Die Bienen, die machen „summ, summ, summ", …

Was das Kind dabei lernt:
**Tierlaute**

*Spiele für 25 bis 27 Monate*

# Wie macht der Hund?

Bei diesem Spiel kennt die Freude des Kindes erst recht keine Grenzen, wenn Sie dabei mitmachen und Ihre tierischen Qualitäten unter Beweis stellen.

## So geht es

▶ Legen Sie Bilder von Tieren bereit, die das Kind kennt und mag (z.B. aus Zeitschriften). Kleben Sie jedes Bild auf ein Stück Fotokarton. Verteilen Sie die Bilder überall dort, wo Sie sich in der Regel mit dem Kind aufhalten.

▶ Erklären Sie dem Kind, dass Sie sich auf die Suche nach allen möglichen Tieren machen. Helfen Sie ihm dabei, die Karten zu finden.

▶ Hat das Kind eine Karte entdeckt, so überlegen Sie gemeinsam, welche Laute und Bewegungen das abgebildete Tier macht.

▶ Lassen Sie dann das Kind versuchen, die Karten alleine zu finden und ihnen zu bringen. Ermuntern Sie das Kind, auf dem Weg zu Ihnen Fortbewegungsart und Laute des abgebildeten Tieres nachzuahmen.

*Kleine Spiele zum Großwerden ...*

Was das Kind dabei lernt:
### Hörverständnis

# Zeig mir, wie du ...

Mit diesem Spiel ermuntern Sie das Kind, Ihnen genau zuzuhören. Es trainiert, Aufforderungen zu verstehen und umzusetzen.

## So geht es

▶ Fordern Sie das Kind zu verschiedenen Handlungen auf. Beginnen Sie jede Aufforderung mit den Worten „**Zeig mir, wie du …**".

▶ Führen Sie die Anweisungen, die Sie geben, zunächst selbst aus, sodass das Kind sie nachmachen kann. Beispiele:

> Zeig mir, wie du …
> ○ deinen Kopf an die Schulter legst.
> ○ dein Ohr an die Tischplatte legst.
> ○ den Boden berührst.
> ○ deine Knöchel anfasst.
> ○ deine Hand an meinen Hals legst.

## Hinweis

Sparen Sie nicht mit Lob, wenn das Kind eine Anweisung richtig ausführt.

... für 2-Jährige

Was das Kind dabei lernt:
## Koordination

# Und hops und hops ...

2-Jährige hüpfen, hopsen und springen für ihr Leben gern. Um mit beiden Füßen gleichzeitig abspringen zu können, braucht es aber ein bisschen Übung.

### So geht es

▶ Halten Sie beide Hände des Kindes in Ihren, und hüpfen Sie gemeinsam.

▶ Lassen Sie eine Hand des Kindes los, wenn Sie den Eindruck haben, dass das Kind einen Rhythmus gefunden hat.

▶ Wenn Sie merken, dass das Kind relativ sicher hüpft, lassen Sie auch seine zweite Hand los, sodass es versuchen kann, allein zu springen.

▶ Lassen Sie das Kind neben dem beidbeinigen Abspringen noch verschiedene Varianten des Hüpfens ausprobieren, z.B. mit rechtem und linkem Bein im Wechsel abspringen, nur auf dem rechten oder nur auf dem linken Bein hopsen. Beim Springen auf einem Bein wird es auf jeden Fall noch Ihre Unterstützung benötigen.

### Tipp

Machen Sie dem Kind vor, wie man beim Springen die Knie anwinkelt. Auf einer Matratze oder einem Trampolin gelingt das natürlich noch leichter.

Was das Kind dabei lernt:
## Koordination

# Lustiger Flatterbänder-Tanz

Bewegungen lassen sich mit Bändern aus Krepppapier besonders schön gestalten. Man kann sie beispielsweise herumwirbeln, damit wedeln oder sie beim Laufen hinter sich herflattern lassen.

## So geht es

▶ Legen Sie für sich und das Kind Bänder aus Krepppapier bereit. Spielen Sie dem Kind Instrumentalmusik vor, und bewegen Sie sich mit den Bändern zur Musik. Fordern Sie das Kind auf, sich ebenfalls zur Musik zu bewegen.

▶ Variieren Sie die Musik: Wechseln Sie zum Beispiel sehr schnelle, lebhafte mit ruhiger Musik ab.

## Tipp

Sie können die Krepppapierbänder auch mit nach draußen nehmen und sie beim Laufen im Wind flattern lassen.

## Hinweis

Mit Flatterbändern oder anderen Hilfsmitteln, wie zum Beispiele Chiffontüchern, fällt es leichter, sich zur Musik zu bewegen.

Was das Kind dabei lernt:
### Koordination

*Spiele für 25 bis 27 Monate*

# Adams Söhne

Zu dem traditionellen Vers über Adam und seinen Nachwuchs gibt es auch eine einfache Melodie, gesprochen macht er aber genau so viel Spaß.

### So geht es

▶ Sprechen oder singen Sie diesen Vers mit den entsprechenden Bewegungen:

Adam hatte sieben Söhne,
sieben Söhne hatte Adam.
Sie aßen nicht,
sie tranken nicht,
sie waren alle liederlich
und machtens alle so wie ich:
Mit dem Fingerchen tip tip tip,
mit dem Köpfchen nick nick nick,
mit dem Füßchen trab trab trab,
mit den Händchen klapp klapp klapp.
Und machtens alle so wie ich.

Denken Sie sich weitere Verse aus, zum Beispiel:
mit den Fingerchen klopf klopf klopf
mit dem Näschen schnief, schnief, schnief

### Internettipp

Die Melodie zu diesem Vers können Sie sich auf der Seite **www.ingeb.org** anhören.

Was das Kind dabei lernt:
**Hörfähigkeit, Koordination**

# Eins, zwei, drei — und laufen!

2-jährige Kinder haben jede Menge Energie und laufen für ihr Leben gern. Dieses Spiel kommt dem Bewegungsbedürfnis des Kindes entgegen und lässt sich am besten im Freien spielen.

## So geht es

▶ Nehmen Sie drei Halstücher in unterschiedlichen Farben, die Sie an Bäumen, Sträuchern oder Zaunlatten festbinden. Die Tücher sollten so weit voneinander entfernt sein, dass das Kind die Distanz rennend bewältigen kann.

▶ Sagen Sie zu dem Kind: „Eins, zwei, drei – und laufen!" Rennen Sie mit dem Kind gemeinsam zu dem Baum, an dem Sie ein Tuch befestigt haben. Sind Sie dort angekommen, sagen Sie: „Eins, zwei, drei, ich bin da!"

▶ Laufen Sie dann zu den Stellen, an denen sich die zwei anderen Tücher befinden. Wiederholen Sie dabei die kurzen Sätze, wenn Sie loslaufen und ankommen.

## Tipp

Wenn sich das Kind für Farben interessiert, beziehen Sie diese mit ein, indem Sie beispielsweise sagen: „Komm, wir laufen zu dem blauen Halstuch."

Was das Kind dabei lernt:
## Hörfähigkeit, Koordination

*Spiele für 25 bis 27 Monate*

# Mit meinen Füßen kann ich hopsen

Das gewöhnliche Laufen stellt für das Kind in diesem Alter keine Herausforderung mehr dar. Spannender erscheint es ihm jetzt vielmehr, neue Bewegungsformen auszuprobieren.

### So geht es

▶ Überlegen Sie gemeinsam mit dem Kind, was man mit Füßen so alles anstellen kann.

▶ Sagen Sie das folgende kleine Gedicht auf, und machen Sie mit dem Kind gemeinsam die passenden Bewegungen dazu:

Mit meinen Füßen kann ich gehen,
gehen, gehen.
Mit meinen Füßen kann ich hopsen,
hopsen, hopsen.
Mit meinen Füßen kann ich tanzen,
tanzen, tanzen.
Und jetzt ruh' ich mich aus.

Mit meinen Füßen kann ich stampfen,
stampfen, stampfen.
Mit meinen Füßen kann ich schleichen,
schleichen, schleichen.
Mit meinen Füßen kann ich laufen,
laufen, laufen.
Und jetzt ruh' ich mich aus.

Kleine Spiele zum Großwerden ...

Was das Kind dabei lernt:
## Hörfähigkeit, Koordination

# Rundherum und rundherum

2-jährige Kinder finden es wunderbar zu laufen und dann urplötzlich zu stoppen. Das macht nicht nur Spaß, sondern trainiert gleichzeitig ihre motorischen Fähigkeiten.

## So geht es

▶ Gehen Sie dabei durch den Raum und, sagen Sie dabei: „Rundherum und rundherum und rundherum und stopp!" Auf „Stopp" setzen Sie sich auf einen Stuhl.

▶ Ermuntern Sie das Kind, mitzugehen. Fassen Sie es dabei an der Hand, oder lassen Sie es allein gehen. Wenn das Kind den Ablauf verstanden hat, wird es vermutlich ganz gespannt auf das Wort „Stopp" warten.

▶ Bringen Sie andere Bewegungsarten ins Spiel. Versuchen Sie es zum Beispiel mit springen, hüpfen und krabbeln.

... für 2-Jährige

Was das Kind dabei lernt:
**Anweisungen folgen**

*Spiele für 25 bis 27 Monate*

# Die Füße, die hüpfen

Rennen, Springen und Hüpfen gehören zu den Lieblingsbeschäftigungen 2-jähriger Kinder.

## So geht es

▶ Zeigen Sie dem Kind, wie man auf einem Bein steht. Halten Sie es fest, während es versucht, das Gleichgewicht zu halten.

▶ Wenn es dem Kind gelingt, einen Moment auf einem Bein zu stehen, zeigen Sie ihm, was mit „hüpfen auf einem Bein" gemeint ist: Heben Sie das Kind hoch und herunter.

▶ Sagen Sie den folgenden Vers auf, und machen Sie mit dem Kind die entsprechenden Bewegungen:

Hüpf, hüpf, hüpf auf einem Bein (hüpfen Sie auf einem Bein oder mit beiden Füßen),
hüpf, hüpf, hüpf, so soll es sein.
Bist du müd, so bleibst du stehn (bleiben Sie stehen),
drehst dich um und zählst bis zehn. (drehen Sie sich um und zählen Sie bis zehn)
Und dann und dann und dann fängst du wieder zu hüpfen an.
(hüpfen Sie weiter)

### Hinweis

Wenn das Kind noch nicht auf einem Bein alleine hüpfen kann, geben Sie ihm einfach die nötige Unterstützung.

*Kleine Spiele zum Großwerden ...*

Was das Kind dabei lernt:
### zählen

# Wie viele Schritte sind es?

Im zweiten Lebensjahr startet das Kind seine ersten Zählversuche. Unterstützen Sie es bei diesem Prozess, indem Sie das Zählen immer wieder beim Spielen integrieren.

## So geht es

▶ Stellen Sie sich zusammen mit dem Kind ein paar Schritte von einer Tür entfernt hin. Sprechen Sie den folgenden Vers:

Wie weit ist es bis zur Tür?
Wie viele Schritte müssen wir wohl gehen?
Wie weit ist es bis zur Tür
von dem Fleck, an dem wir stehen?
Komm, zähl mit,
Schritt für Schritt.

▶ Nehmen Sie das Kind bei der Hand. Zählen Sie laut mit, während Sie sich Schritt für Schritt auf den Weg zur Tür machen: Eins, zwei, drei ...

▶ Wiederholen Sie den Vers mit anderen Orten im Raum, und bewegen Sie sich auf diese Weise mit dem Kind durch das Zimmer.

## Tipp

Variieren Sie auch Ihre Art zu gehen. Machen Sie zum Beispiel große Schritte, kleine Schritte, Hüpfer, Sprünge usw.

... für 2-Jährige

Was das Kind dabei lernt:
## Gleichgewichtssinn, zählen

*Spiele für 25 bis 27 Monate*

# Kniebeugen

Für 2-Jährige ist es ganz natürlich, in die Hocke zu gehen, wenn sie etwas vom Boden aufheben wollen. Wir Erwachsene tun uns damit nicht ganz so leicht. Aus diesem Grund ist dieses Spiel eine gute Übung für Sie beide.

### So geht es

▶ Stellen Sie sich dem Kind gegenüber. Legen Sie sich die Hände auf die Hüfte, und spreizen Sie leicht die Beine.

▶ Sprechen Sie den Reim unten. Gehen Sie dabei bei „**Eins**" in die Hocke, und richten Sie sich bei „**zwei**" wieder auf. Machen Sie auf diese Weise auch Kniebeugen bei den anderen Strophen.

Eins, zwei,
ich bin dabei.

Drei, vier,
das zeig ich dir.

Fünf, sechs,
wo ist die Hex'?

▶ Ermuntern Sie das Kind dazu, ebenfalls an den genannten Versstellen in die Hocke zu gehen, falls es die Bewegungen nicht von selbst mitmacht.

Kleine Spiele zum Großwerden ...

Was das Kind dabei lernt:
**Körperbewusstsein**

# Ich habe Zehen

Das Kind lernt, durch gezielte Bewegungen Teile seines Körpers bewusst wahrzunehmen. Sind die Bewegungen mit einem Reim verbunden, so macht das Ganze gleich noch mehr Spaß.

## So geht es

Sagen Sie die folgenden Zeilen mit dem Kind zusammen auf, und machen Sie dazu passende Bewegungen. Ermuntern Sie das Kind, es Ihnen nachzumachen.

**Ich habe Zehen, kannst du sie sehen?** (Zeigen Sie auf Ihre Zehen./ Wackeln Sie mit Ihren Zehen.)
**Ich habe einen Bauch, du auch?** (Zeigen Sie auf Ihren Bauch./ Reiben Sie Ihren Bauch.)
**Ich habe zwei Beine, und wo sind deine?** (Zeigen Sie auf Ihre Beine./ Schütteln Sie Ihre Beine aus.)
**Ich habe einen Po, so so.** (Zeigen Sie auf Ihren Po./Wackeln Sie mit Ihrem Po hin und her.)

### Variation

Sprechen Sie die Verse auf, und ermuntern Sie das Kind, auf die Fragen mit passenden Gesten oder Bewegungen zu antworten. Auf die Frage „Ich habe Zehen, kannst du sie sehen?" könnte es zum Beispiel auf Ihre Zehen zeigen, bei „Ich habe einen Bauch. Du auch?" zeigt es auf sein eigenes Bäuchlein usw.

... für 2-Jährige

Was das Kind dabei lernt:
### Rhythmusgefühl

# Tanz mit dem Bären

Mit Stofftieren kann man nicht nur kuscheln, sondern auch tanzen. Geben Sie dem Kind seinen Teddy oder ein anderes Stofftier, und zeigen Sie ihm, wie das funktioniert.

## So geht es

▶ Spielen Sie Musik, die sich gut zum Tanzen eignet.

▶ Nehmen Sie den Teddy oder ein anderes Stofftier als Tanzpartner, und tanzen Sie passend zur Musik. Zu langsamer Musik könnten Sie zum Beispiel gleitende oder sehr langsame Schritte vollführen. Erklingt Musik mit einem markanten Rhythmus, springen, hüpfen oder galoppieren Sie. Zu schneller Musik laufen Sie.

▶ Wenn die Musik verklungen ist, setzen Sie den Teddy auf den Boden und sagen: „Vielen Dank für den Tanz, Teddy." Geben Sie dem Kind das Stofftier, und ermuntern Sie es zum Mitmachen.

Was das Kind dabei lernt:
## kooperatives Verhalten

# Jetzt fahrn wir übern See

In diesem Alter lernt das Kind allmählich, mit anderen Kindern gemeinsam und nicht nur neben ihnen zu spielen.

## So geht es

▶ Setzen Sie sich dem Kind gegenüber auf den Boden. Spreizen Sie die Beine. Nehmen Sie die Hände des Kindes, und lehnen Sie sich zurück, während das Kind sich vorbeugt.

▶ Bewegen Sie Ihren Oberkörper vor und zurück. Benennen Sie dabei die Bewegung mit den Worten „vor" und „zurück".

▶ Singen Sie ein Lied über das Rudern dazu.

Jetzt fahrn wir übern See, übern See,
jetzt fahrn wir übern – .
Jetzt fahrn wir übern See, übern See,
jetzt fahrn wir übern See.

Mit einer hölzern Wurzel,
Wurzel, Wurzel, Wurzel,
mit einer hölzern Wurzel,
ein Ruder war nicht – .
mit einer hölzern Wurzel,
ein Ruder war nicht dran.

### Internettipp

Die Melodie des Liedes „Jetzt fahrn wir übern See" und weitere Strophen finden Sie auf der Seite **www.spiellieder.de**.

Was das Kind dabei lernt:
**Hörverständnis**

*Spiele für 25 bis 27 Monate*

# Der Schneider macht Kleider

Kinder können mit Hilfe von Reimen die Fähigkeit trainieren, Gehörtes zu verstehen und in Handlungen umzusetzen.

## So geht es

Sagen Sie den folgenden Reim auf, und agieren Sie mit dem Kind gemeinsam die Worte aus:

**Der Schneider macht Kleider,** (Zupfen Sie sich am Hemd.)
**der Schuster macht Schuh',** (Zeigen Sie auf Ihre Schuhe.)
**der Tischler macht Tische** (Deuten Sie mit beiden Händen eine Tischplatte an.)
**und Sessel dazu.**
**Der Schlosser die Schlüssel,** (Machen Sie eine Handbewegung wie beim Schließen.)
**der Hutmacher Hüt',** (Zeigen Sie auf Ihren Kopf.)
**der Töpfer die Schüssel,** (Deuten Sie mit beiden Händen eine Schüsselrundung an.)
**und Nägel der Schmied.** (Machen Sie eine Bewegung wie beim Hämmern.)
**Der Bäcker backt Kuchen** (Rühren Sie in einer imaginären Teigschüssel.)
**mit Nuss und mit Mohn** (Lecken Sie sich die Lippen.)
**und Kinder, die essen**
**so gerne davon.** (Reiben Sie sich den Bauch.)

Was das Kind dabei lernt:
**Koordination**

# Pferdchen, lauf Galopp

Nachdem Kinder selbstständig laufen können, gewinnen sie immer mehr Sicherheit im Umgang mit dem eigenen Körper und erlernen neue Bewegungsformen.

## So geht es

▶ Singen Sie ein kleines Kinderlied mit dem Kind. Halten Sie das Kind dabei an der Hand. Machen Sie bei jedem „**Hopp**" zusammen einen Hüpfer.

Hopp, hopp, hopp,
Pferdchen, lauf Galopp,
über Stock und über Steine,
aber brich dir nicht die Beine.
Hopp, hopp, hopp, hopp, hopp,
Pferdchen, lauf Galopp.

▶ Legen Sie dem Kind eine Reihe kleiner Spielzeuge vor die Füße. Ermuntern Sie es, bei jedem „**Hopp**" über eines der Spielzeuge zu springen.

### Hinweis

Verwenden Sie Spielzeuge aus weichem Material, damit das Kind sich nicht verletzt. Unterstützen Sie es zu Beginn eventuell bei seinen Sprüngen, indem Sie es an die Hand nehmen.

... für 2-Jährige

Was das Kind dabei lernt:
### Kreativität

# Hänschen klein

Das bekannte Kinderlied vom Hänschen, der in die Welt hinauszieht, kann man nicht nur zusammen singen, sondern auch mit einer kleinen Spielszene verbinden.

## So geht es

▶ Singen Sie dem Kind das Lied vor. Fall es das Lied schon kennt, kann es mitsingen.

Hänschen klein
ging allein
in die weite Welt hinein. (Das Kind winkt Ihnen zum Abschied fröhlich zu.)
Stock und Hut
stehn ihm gut,
wandert wohlgemut. (Das Kind geht lebhaft und leichten Schrittes durch den Raum.)
Doch die Mutter weinet sehr,
hat ja nun kein Hänschen mehr. (Weinen Sie bitterlich! Geben Sie alles!)
Da besinnt sich das Kind,
läuft nach Haus geschwind. (Das Kind läuft in Ihre ausgebreiteten Arme und Sie feiern das Wiedersehen mit großer Freude und viel Schmusen.)

▶ Setzen Sie das Lied gemeinsam mit dem Kind beim erneuten Singen szenisch um.

Was das Kind dabei lernt:
## Koordination, Hörverständnis

# Wollt ihr wissen?

Bei diesem traditionellen Lied gibt es viel zu tun:
Kinder haben viel Spaß dabei, die besungenen Tätigkeiten
pantomimisch dazustellen.

## So geht es

Fassen Sie das Kind bei den Händen, und beginnen Sie,
die Frage zu Beginn des Liedes zu singen. Lassen Sie beim
Weitersingen seine Hände los, und machen Sie beide die im
Liedtext beschriebene Bewegung. Bei „alles dreht sich herum"
fassen Sie sich wieder an den Händen und gehen im Kreis herum.

Wollt ihr wissen, wollt ihr wissen,
wie's die kleinen Mädchen machen?
Püppchen wiegen, Püppchen wiegen,
alles dreht sich herum.

... die kleinen Jungen machen? Peitschen knallen ...
... die jungen Damen machen? Knickse machen ...
... die jungen Herren machen? Hut abnehmen ...
... die alten Damen machen? Strümpfe stricken ...
... die alten Herren machen? Pfeife rauchen ...

### Hinweis

Natürlich können Sie den Damen und Herren im Lied auch zeitgemäße
Aktivitäten andichten: Lassen Sie zum Beispiel die Mädchen Fußball
spielen, die Jungen Müll hinausbringen und die alten Damen Fahrrad
fahren.

Was das Kind dabei lernt:
**Rhythmusgefühl, Gleichgewicht**

*Spiele für 25 bis 27 Monate*

# So reiten die Herren einmal anders

Dieser witzige Reim ist eigentlich ein Kniereiter. Machen Sie daraus ein Spiel, bei dem das Kind sich mitbewegt.

## So geht es

▶ Setzen Sie sich auf dem Boden dem Kind gegenüber. Sprechen Sie den Reim. Nehmen Sie dabei die Hände des Kindes, und bewegen Sie seine Arme im Rhythmus des Hufgetrappels.

So reiten die Herren
auf ihren stolzen Pferden:
zuck zuck zuck, zuck zuck zuck!
So reiten die Jüfferchen
mit ihren spitzen Tüfferchen:
tripp trapp, tripp trapp, tripp trapp!
So reiten die Bauern,
die Humpels, die Pumpels:
truf truf, truf truf, truf truf!
So reiten die Husaren:
Klabaster, klabaster, klabaster!
Reit Junker, reit Junker, zuck zuck!

## Tipp

Denken Sie sich für jede Gruppe von Reitern eine andere Art von Bewegung aus, und variieren Sie auch die Geschwindigkeit.

*Kleine Spiele zum Großwerden ...*

Was das Kind dabei lernt:
**beobachten, zählen**

# Eine Spur legen

Durch dieses Spiel wird das Kind nicht nur dazu motiviert, genau zu beobachten, sondern kann zugleich sein Verständnis für die Idee des Zählens weiterentwickeln.

## So geht es

▶ Unternehmen Sie einen Spaziergang mit dem Kind, zum Beispiel auf dem Außenbereich Ihrer Einrichtung oder in Ihrem Wohnviertel.

▶ Binden Sie unterwegs Bänder aus Krepppapier an markante Punkte wie Laternenmasten, Bäume oder Zäune. Lassen Sie das Kind beim Festbinden helfen. Zählen Sie laut die Anzahl der Bänder mit, wenn Sie sie befestigen.

▶ Treten Sie nach einer Weile den Rückweg an. Sagen Sie zu dem Kind: „Jetzt drehen wir um. Die Flatterbänder helfen uns, den Rückweg zu finden." Sammeln Sie die Krepppapierbänder auf dem Rückweg wieder ein. Zählen Sie die Bänder erneut.

## Variation

Wenn Sie einen Spaziergang am Strand oder durch den Schnee machen, können Sie Ihre Fußspuren als Orientierung für den Rückweg verwenden.

... für 2-Jährige

Was das Kind dabei lernt:
**Spaß haben, Koordination**

*Spiele für 25 bis 27 Monate*

# Ringel, Ringel, Reihe

Dieses Spiel zu einem alten Kinderlied macht am meisten Spaß, wenn mehrere Kinder dabei daran teilnehmen.

## So geht es

▶ Nehmen Sie das Kind an die Hand, und gehen Sie mit ihm im Kreis. Singen Sie dabei das Lied „Ringel, Ringel, Reihe".

Ringel, Ringel, Reihe,
wir sind der Kinder dreie,
wir sitzen unterm Holderbusch
und rufen alle: husch! husch! husch!

▶ Auf „husch! husch! husch!" gehen Sie beide in die Hocke. Im Liedtext heißt es zwar „**wir sind der Kinder dreie**", Sie können sich jedoch auch zu zweit oder mit mehr als drei Personen zu dem Lied bewegen.

### Variation

Geben Sie am Ende des Liedes immer wieder eine andere Anweisung, z.B. „**lauf, lauf, lauf**" oder „**hüpf, hüpf, hüpf**". Bestimmt wartet das Kind gespannt darauf, welche Aufforderung Sie als Nächstes geben. Und vielleicht denkt es sich sogar selbst welche aus.

### Internettipp

Die Seite **www.lieder-archiv.de** bietet Ihnen die Möglichkeit, die Melodie des Liedes anzuhören.

*Kleine Spiele zum Großwerden ...*

Was das Kind dabei lernt:
**Koordination**

# In die Hände klatschen wir

Kinder lieben es, sich zu bewegen. Folgendes Spiel hilft ihnen, ihre Koordinationsfähigkeit zu trainieren.

## So geht es

▶ Singen Sie diesen Reim zu der Melodie von „Brüderchen, komm tanz mit mir", und machen Sie dazu die passenden Handbewegungen:

In die Hände klatschen wir,
in die Hände klatschen wir,
klatsch klatsch klatsch, klatsch klatsch klatsch,
klatschen, ja, das ist nicht schwer.

▶ Variieren Sie das Lied mit anderen Bewegungen.

Mit den Beinen springen wir … hopp hopp hopp …
Mit den Armen wedeln wir … hin und her …
Mit den Füßen stampfen wir … bumm bumm bumm …
Mit dem Köpfchen nicken wir … nick nick nick …
Mit der Zunge schnalzen wir … tsick tsick tsick …

## Internettipp

Hören Sie sich die Melodie des Liedes auf der Seite **www.spiellieder.de** an.

Was das Kind dabei lernt:
**Fantasie**

*Spiele für 25 bis 27 Monate*

# Spiel mit Tüchern

Mit Schals und Tüchern lassen sich jede Menge lustige Sachen tun. 2-jährige Kinder haben viel Spaß dabei. Einige Ideen finden Sie unten.

## So geht es

▶ Spielen Sie Musik, und lassen Sie das Kind mit einem Tuch in der Hand dazu tanzen. Machen Sie ihm vor, wie es das Tuch über dem Kopf schwenken, damit hinter dem Rücken wedeln oder es in verschiedenen Richtungen durch die Luft bewegen kann.

▶ Decken Sie mit dem Tuch eine Puppe oder den Teddy zu.

▶ Benutzen Sie Tücher als Verkleidungsstücke. Binden Sie sich das Tuch zum Beispiel wie einen Rock um die Taille.

▶ Werfen Sie das Tuch in die Luft und sehen Sie zu, wie es zu Boden schwebt.

▶ Falten Sie verschiedene geometrische Formen aus dem Tuch, zum Beispiel ein Rechteck, ein Quadrat oder ein Dreieck.

Was das Kind dabei lernt:
**Reaktionsfähigkeit, Koordination**

# Wer bekommt den Schal?

Kleine Kinder lieben dieses Spiel und können es kaum abwarten, den Schal zu bekommen.

## So geht es

▶ Spielen Sie lebhafte, fröhliche Instrumentalmusik. Zeigen Sie dem Kind, wie man mit einem Schal in der Hand zur Musik tanzen kann.

▶ Stoppen Sie die Musik. Erklären Sie dem Kind, dass Sie den Schal zwischen Ihnen hin- und herreichen werden, bis die Musik wieder zu spielen beginnt.

▶ Bitten Sie eine weitere Person, den CD-Player oder das Radio zu bedienen. Wenn die Musik unvermittelt wieder erklingt, tanzen entweder Sie oder das Kind mit dem Schal dazu – je nachdem, wer diesen gerade in der Hand hält.

▶ Wird die Musik erneut gestoppt, beginnt das Spiel wieder von vorne.

... für 2-Jährige

Was das Kind dabei lernt:
## sprachliche Fähigkeiten

# Fingerspiel mit Daumenteufelchen

Fingerspiele sind eine schöne Möglichkeit, sprachliche Fähigkeiten zu trainieren und beide Gehirnhälften zu stimulieren.

### So geht es

▶ Sprechen Sie den folgenden Reim, und machen Sie die dazugehörigen Bewegungen:

**Daumenteufelchen,** (Machen Sie mit einer Hand eine Faust, und stecken Sie den Daumen der anderen Hand hinein.)
**sitzt so still in deinem Haus.**
**warum, warum,**
**kommst du nicht raus?**
**Hallo, da bin ich!** (Ziehen Sie den Daumen heraus, und machen Sie ein Knallgeräusch mit dem Mund.)

▶ Wiederholen Sie den Reim, und ermuntern Sie das Kind, die Fingerbewegungen mitzumachen. Sprechen Sie langsam, damit das Kind versuchen kann, auch die Worte mitzusprechen.

Was das Kind dabei lernt:
**Spaß haben, sprachliche Fähigkeiten**

# Es regnet auf ...

Dieser Reim fördert die sprachliche Entwicklung des Kindes und macht dabei noch viel Spaß:

## So geht es

▶ Sprechen Sie dem Kind den Reim vor.

Es regnet auf das grüne Gras,
es regnet auf die Blumen.
Der Regen macht die Bäume nass,
aber mich nicht!

▶ Wenn Sie bei „aber mich nicht" angelangt sind, stemmen Sie die Hände in die Seite und schütteln energisch den Kopf.

▶ Variieren Sie den Reim mit Wörtern, die das Kind kennt, zum Beispiel folgendermaßen:

Es regnet auf den Gartentisch,
es regnet auf die Stühle.
Der Regen macht die Schaukel nass,
aber mich nicht!

## Hinweis

Das Kind wird bald herausfinden, wie diese kleinen Verse aufgebaut sind und selbst Begriffe nennen, die Sie einbauen sollen. Schließen Sie immer mit den Worten: „Aber mich nicht!"

Was das Kind dabei lernt:
## Koordination

*Spiele für 25 bis 27 Monate*

# An jeder Hand fünf Finger

Die eigenen Fingerchen sind auch in diesem Alter immer noch ein spannendes „Spielzeug".

### So geht es

▶ Erklären Sie dem Kind, dass es an jeder Hand fünf Finger hat.

▶ Halten Sie selbst Ihre Hände hoch, und wackeln Sie mit den Fingern, die Sie laut durchzählen. Am besten zählen Sie jede Hand einzeln.

▶ Sprechen Sie den folgenden Reim, und machen Sie mit dem Kind gemeinsam die entsprechenden Bewegungen dazu:

An jeder Hand fünf Finger,
das macht zusammen zehn.
Und was die alles machen können,
wirst du jetzt gleich sehn.
(Wackeln Sie dabei mit den Fingern in der Luft.)

Sie können zappeln, meine zehn kleinen Finger,
sie können zappeln, meine zehn kleinen Finger,
sie können zappeln, meine zehn kleinen Finger,
und das tun sie heut'.

▶ Variieren Sie den Reim mit anderen Fingertätigkeiten, z.B. winken, klopfen, Fäuste machen, schnipsen etc.

Was das Kind dabei lernt:
**Hörverständnis**

# Leg den Finger an die Nase

Dies ist ein kleines Fingerspiel für ruhigere Augenblicke.

## So geht es

▶ Sagen Sie folgenden Vers auf, und setzen Sie dazu die beschriebenen Dinge pantomimisch um:

Leg den Finger an die Nase,
leg den Finger an das Knie.
Und nun musst du plötzlich ganz laut niesen:
Hatschi!

Leg den Finger an die Stirn,
leg den Finger an dein Kinn.
Und dann leg ihn auf das Bäuchlein
mit dem Mittagessen drin.

Leg den Finger an den Mund,
leg den Finger an ein Ohr.
Guckt denn da nicht ein ganz kleines Stückchen Zunge hervor?

Jetzt ist Pause für die Hände,
denn das Spiel ist nun zu Ende.

▶ Ermuntern Sie das Kind, die pantomimische Umsetzung mitzumachen.

... für 2-Jährige

Was das Kind dabei lernt:
**Fantasie, Rollenspiele spielen**

*Spiele für 25 bis 27 Monate*

# Ein Besuch beim Schuster

Schuhe und Füße üben auf 2-jährige Kinder eine große Faszination aus. Es wird ihnen nicht langweilig dabei, ihre Schuhe an- und aus- und wieder anzuziehen.

## So geht es

▶ Erklären Sie ihm, was ein Schuster ist. Seien Sie ein Schuster, und tun Sie so, als würden Sie seinen Schuh reparieren.

▶ Fordern Sie das Kind auf, einen Schuh auszuziehen und Ihnen zu geben oder einen seiner Schuhe aus dem Schuhschrank zu holen.

▶ Nehmen Sie den Schuh in die Hand, und tun Sie so, als ob Sie auf die Schuhsohle hämmern. Beschreiben Sie dem Kind Ihr Tun genau. Beim Hämmern können Sie auch zusätzlich passende Geräusche wie „Bäng, bäng, bäng …" machen.

▶ Geben Sie dem Kind den Schuh zurück, und sagen Sie: „Bitte sehr, alles wieder in Ordnung. Du kannst deinen Schuh wieder anziehen."

▶ Bitten Sie das Kind, Ihren Schuh zu reparieren. Wenn es auf der Sohle herumhämmert, sagen Sie wieder: „Bäng und bäng und bäng, bäng und bäng und bäng."

Was das Kind dabei lernt:
## taktile Wahrnehmung

# Spaziergang mit Anfassen

2-jährige Kinder fassen gerne alles an. Lenken Sie die Aufmerksamkeit des Kindes auf die Sachen, die es berührt. So helfen Sie ihm, diese Gegenstände bewusst wahrzunehmen.

## So geht es

▶ Unternehmen Sie einen „Spaziergang mit Anfassen", indem Sie und das Kind unterwegs verschiedene Dinge berühren. Sagen Sie zuvor folgendes Sprüchlein auf: „**Jetzt fassen wir, jetzt fassen wir, jetzt fassen wir** … (Bezeichnung für den ausgewählten Gegenstand) **an.**"

▶ Wählen Sie Sachen aus, die sich unterschiedlich anfühlen: weich, hart, kalt, rutschig, rau, stachelig usw. Vergleichen Sie die Oberflächen der Gegenstände: „**Das fühlt sich hart an, das hier weich.**"

... für 2-Jährige

Was das Kind dabei lernt:
## Auge-Hand-Koordination

# Schnee im Zimmer

Kinder lieben Schnee. Holen Sie an einem verschneiten Tag den Winter ins Haus, und lassen Sie das Kind mit dieser faszinierenden weißen Masse experimentieren.

## So geht es

▶ Folgende Ideen zeigen, was sich mit Schnee alles anstellen lässt:

○ Sie können ihn in eine Schüssel löffeln.
○ Sie können ihn mit Lebensmittelfarbe einfärben.
○ Sie können zusehen, wie er schmilzt.
○ Sie können kleine Schneebälle formen.
○ Sie können einen kleinen Schneemann bauen und ihn in der Tiefkühltruhe aufbewahren.

## Hinweis

Achten Sie darauf, dass das Kind den Schnee nicht in den Mund nimmt. Er kann Krankheitserreger, kleine Steinchen oder andere gesundheitsschädliche Bestandteile enthalten.

*Spiele für 25 bis 27 Monate*

Was das Kind dabei lernt:
## Hörfähigkeit

# Ein Spaziergang mit Geräuschen

2-jährige Kinder begegnen ihrer Umgebung mit einer unendlichen Neugier. Mit diesem Spiel fördern Sie ihr Bewusstsein für alltägliche Geräusche.

## So geht es

▶ Gehen Sie mit dem Kind nach draußen, und horchen Sie auf die Geräusche in der Umgebung:

- ○ auf das Säuseln des Windes
- ○ auf das Zwitschern der Vögel
- ○ auf das Rascheln der Blätter
- ○ auf vorbeifahrende Autos
- ○ auf das Bellen der Hunde
- ○ auf Leute, die sich unterhalten

▶ Lenken Sie die Aufmerksamkeit des Kindes auf einzelne Geräusche. Sagen Sie zum Beispiel: „Hörst du den Wind säuseln?" oder „Horch, wie die Blätter rascheln!"

▶ Sprechen Sie über das, was Sie hören, und versuchen Sie, die Geräusche nachzumachen.

... für 2-Jährige

Was das Kind dabei lernt:
**Spaß haben, Hörverständnis**

# Das Vogelnestchen in der Hand

*Spiele für 25 bis 27 Monate*

Machen Sie das Kind draußen immer wieder auf Vögel aufmerksam. Sprechen Sie darüber, wo Vögel leben, welche Laute sie von sich geben und wie sie aussehen. Dieses Fingerspiel zum Thema „Vögel" macht dem Kind bestimmt Spaß.

## So geht es

▶ Nehmen Sie die Hand des Kindes, und drehen Sie die Handfläche nach oben. Sprechen Sie die erste Strophe des Reimes unten, und malen Sie dabei mit Ihrem Zeigefinger Kreise in der Handfläche des Kindes.

▶ Krabbeln Sie mit den Fingern langsam am Arm des Kindes hoch, während Sie die zweite Strophe aufsagen, und kitzeln Sie es bei „nach Haus" leicht unter dem Kinn.

Was meinst du, wo der Vogel wohnt?
Er hat ein Nest im Baum,
weit oben in den Zweigen,
so hoch, man sieht es kaum.

Das Vögelchen, es fliegt und fliegt,
es fliegt ganz hoch hinaus.
Und wenn's genug geflogen ist,
dann kommt es auch nach Haus.

▶ Tauschen Sie die Rollen, sodass das Kind nun mit Ihrer Hand spielt.

Was das Kind dabei lernt:
### Richtungshören

# Der Wecker im Versteck

Die Entwicklung der Hörfähigkeit spielt für die gesamte Entwicklung des Kindes eine bedeutende Rolle und hängt eng mit der Entwicklung sprachlicher Fähigkeit zusammen. Das Lokalisieren von Geräuschquellen stellt dabei eine besondere Herausforderung dar.

## So geht es

▶ Zeigen Sie dem Kind einen Wecker, der gut hörbare „tick-tack"-Geräusche macht. Machen Sie das Kind auf das Weckerticken aufmerksam und lauschen Sie eine Weile dem Geräusch.

▶ Erklären Sie dem Kind dann, dass Sie so tun werden, als seien Sie ein Wecker. Gehen Sie steifbeinig, mit seitlich abgespreizten Beinen durch den Raum, und verstecken Sie sich. Ahmen Sie dabei das Ticken des Weckers nach. Es ist dabei gar nicht schlimm, wenn das Kind sieht, wo Sie sich verstecken.

▶ Sagen Sie aus Ihrem Versteck heraus: „Kannst du den Wecker finden? Tick tack, tick tack." Loben Sie das Kind, wenn es Sie entdeckt hat. Sagen Sie zum Beispiel: **„Prima, du hast den Wecker gefunden!"**

▶ Wenn Sie dieses Spiel einige Male gespielt haben, kann das Kind die Rolle des Weckers übernehmen.

... für 2-Jährige

Was das Kind dabei lernt:
## auditive Wahrnehmung

# Eins – zwei – drei, was hör ich da?

*Spiele für 25 bis 27 Monate*

In Alltagssituationen nehmen wir häufig eine Mischung aus verschiedenen Geräuschen war. Das bewusste Wahrnehmen einzelner Geräusche fördert die Fähigkeit des differenzierenden Hörens und bietet dem Kind zugleich die Möglichkeit, zur Ruhe zu kommen.

### So geht es

▶ Suchen Sie drei Gegenstände zusammen, mit denen man Geräusche erzeugen kann und die dem Kind vertraut sind, zum Beispiel eine Rassel, ein Glöckchen und einen tickenden Wecker.

▶ Unterhalten Sie sich mit dem Kind über jeden einzelnen Gegenstand, und sprechen Sie mit ihm über die Geräusche, die sich mit ihm hervorbringen lassen.

▶ Zeigen Sie dem Kind einen der Gegenstände. Fordern Sie es dann auf, die Augen zu schließen und auf das Geräusch horchen.

▶ Legen Sie den Gegenstand aus der Hand. Sagen Sie dem Kind, dass es die Augen wieder aufmachen und Ihnen den Gegenstand geben soll, der das Geräusch gemacht hat.

▶ Gehen Sie mit allen ausgesuchten Gegenständen so vor, und wiederholen Sie das Spiel, bis das Kind alle Geräusche zuordnen kann.

Was das Kind dabei lernt:
**auditives Bewusstsein**

# Horch mal, was da drin ist!

Das Kind kann nun schon zwischen verschiedenen Geräuschen unterscheiden. Selbsthergestellte „Geräusch-Erzeuger" wecken mit Sicherheit sein Interesse.

## So geht es

▶ Stellen Sie drei oder vier Plastikbehälter mit Deckel bereit, zum Beispiel leere Margarinedosen. Legen Sie in jeden Behälter einen anderen kompakten Gegenstand, zum Beispiel einen kleinen Baustein, einen Plastiklöffel oder ein Stück Stoff, und verschließen Sie sie mit den Deckeln.

▶ Schütteln Sie einen der Behälter, und beschreiben Sie das Geräusch, das entsteht. Verwenden Sie dabei Begriffe wie „laut", „leise" oder „rappelig". Machen Sie es mit den anderen Behältern genauso.

▶ Bitten Sie das Kind, Ihnen den Behälter zu geben, der „leise Geräusche" macht. Helfen Sie ihm, den Deckel abzunehmen, und sehen Sie sich gemeinsam an, was darin ist.

▶ Wenn Sie alle Behälter untersucht und über den Inhalt gesprochen haben, lassen Sie das Kind die Sachen wieder hineinlegen und die Deckel schließen.

... für 2-Jährige

Was das Kind dabei lernt:
## Hörverständnis

*Spiele für 25 bis 27 Monate*

# Brumm, brumm Auto

Dieses Spiel lässt sich nicht nur sehr gut spielen, wenn Sie mit dem Kind aus dem Fenster auf eine belebte Straße blicken oder gemeinsam auf einem Spaziergang in der Stadt unterwegs sind.

### So geht es

▶ Erklären Sie dem Kind, dass es jedes Mal, wenn Sie das Wort „Auto" sagen, mit „Brumm, brumm" darauf reagieren soll.

▶ Beschreiben Sie, was Sie sehen. Sagen Sie zum Beispiel: „Da ist ein Mann. Da ist ein Bus. Da ist ein Auto." – „Brumm, brumm."

▶ Nennen Sie immer drei Sachen. An letzter Stelle kommt das Wort „Auto": „Da ist ein Haus. Da ist ein Hund. Da ist ein Auto." – „Brumm, brumm."

▶ Betonen Sie das Wort „Auto", und machen Sie eine kleine Pause, bevor Sie es aussprechen: „Da ist ein ... Auto." Das Kind wird das Wort „Auto" schon bald mit Spannung erwarten.

Was das Kind dabei lernt:
## sprachliche Fähigkeiten

# Fenster-Gespräch

In diesem Alter machen Kinder enorme Entwicklungsschritte im Bereich der Sprachentwicklung. Sie lernen und gebrauchen unzählige neue Wörter. Auch kennen sie allmählich die Regeln, die bei einem Gespräch wichtig sind.

## So geht es

▶ Blicken Sie gemeinsam mit dem Kind aus dem Fenster. Beginnen Sie ein Gespräch über das, was draußen zu sehen ist. Fragen Sie das Kind zum Beispiel: **„Was siehst du auf der Straße?"**

▶ Greifen Sie die Antworten des Kindes auf. Schließen Sie eine weitere Frage an. Beispiel: Antwortet das Kind auf Ihre Frage mit **„Auto"**, ermutigen Sie es mit **„Ja richtig, ein Auto."** Fragen Sie: **„Wo fährt das Auto hin?"** Ermuntern Sie das Kind zu erzählen. So kommen Sie schnell in ein Gespräch.

▶ Lassen Sie ein paar Stunden verstreichen, und suchen Sie dann in Zeitschriften nach Bildern von Sachen, die Sie durch das Fenster gesehen haben. Zeigen Sie dem Kind die Bilder, und erinnern Sie es an Ihr Gespräch.

... für 2-Jährige

Kleine Spiele zum Großwerden für 2-Jährige

# Spiele für 28 bis 30 Monate

Was das Kind dabei lernt:
**Hörverständnis**

# Wörter singen

Mit diesem Spiel fördern Sie die Hörfähigkeit des Kindes – und Spaß macht es auch!

## So geht es

▶ Singen Sie die erste Zeile eines Liedes, das das Kind kennt und mag, zum Beispiel „Backe, backe Kuchen". Ermuntern Sie das Kind, mitzusingen.

▶ Wiederholen Sie die erste Liedzeile ganz leise, bis Sie zum letzten Wort „Kuchen" kommen. Dieses Wort singen Sie mit lauterer Stimme.

▶ Singen Sie die Zeile ein weiteres Mal, lassen Sie nun aber das Wort „Kuchen" weg. Ermuntern Sie das Kind, das fehlende Wort zu ergänzen. Wenn das Kind weiß, wie das Spiel abläuft, versuchen Sie es mit der nächsten Liedzeile.

▶ Nach einer Weile können Sie das ganze Lied singen und dabei in jeder Zeile das letzte Wort auslassen. Das Kind wird es Ihnen mit großem Vergnügen vorsingen.

### Internettipp

Den Text des Liedes „Backe, backe Kuchen" finden Sie auf der Seite **www.spiellieder.de** und können sich dort auch die Melodie anhören.

Was das Kind dabei lernt:
## sprachliche Fähigkeiten

# Mi-, Ma-, Mausekind

Sprachspiele sind bestens geeignet, um die sprachlichen Fähigkeiten des Kindes zu fördern.

## So geht es

▶ Singen Sie diesen einfachen Vers auf einer selbsterfundenen Melodie:

Mi-, Ma-, Mausekind,
mein Mausekind, mein Mausekind,
Mi-, Ma-, Mausekind,
mein Mausekind bist du.

▶ Wiederholen Sie den Vers nach diesem Muster. Tauschen Sie dabei das „Mausekind" gegen ein anderes Kosewort aus.
Singen Sie zum Beispiel:

Schni-, Schna-, Schnubbelchen,
mein Schnubbelchen, mein Schnubbelchen,
Schni-, Schna-, Schnubbelchen,
mein Schnubbelchen bist du.

## Tipp

Denken Sie sich noch andere nette Namen für das Kind aus:
Zi-, Za-, Zuckerschnute, Mi-, Ma-, Muckelchen, Bi-, Ba-, Bärchen – Ihrer Fantasie sind keine Grenzen gesetzt. Je alberner, desto besser!

... für 2-Jährige

Was das Kind dabei lernt:
## sprachliche Fähigkeiten

# Märchenstunde

Für junge Kinder ist diese Art, Geschichten zu erzählen, eine wunderbare Erfahrung mit Sprache.

## So geht es

▶ Erzählen Sie dem Kind eine gekürzte Version des Märchens „Goldglöckchen und die drei Bären". Betonen Sie beim Erzählen die Größenunterschiede der Tiere: Es gibt einen großen, einen mittelgroßen und einen kleinen Bären. Geben Sie außerdem jeder Figur eine charakteristische Stimme.

▶ Wenn Sie zu der Stelle kommen, wo es heißt: „Jemand hat meinen Haferbrei gegessen", ermuntern Sie das Kind, die Worte mit Ihnen zusammen zu sagen.

▶ Erzählen Sie die Geschichte noch einmal, und spielen Sie sie dabei mit drei Teddys nach.

### Internettipp

Dieses und andere Märchen finden Sie auf der Seite
**www.hekaya.de**

*Spiele für 28 bis 30 Monate*

Was das Kind dabei lernt:
## sprachliche Fähigkeiten

# Lausche deinem Namen

2-jährige Kinder haben großen Spaß an einfachen Liedern und Reimen, besonders, wenn ihr Namen in den Liedtexten auftaucht.

## So geht es

▶ Setzen Sie den Vornamen des Kindes in bekannte Liedtexte und Verse ein und ermuntern Sie das Kind zum Mitsingen. Beispiele:

**Felix** (Name des Kindes), **komm und tanz mit mir …**
**Summ, summ, summ, Jenny** (Name des Kindes) **summ herum …**
**Es tanzt der kleine Christian** (Name des Kindes) **in unserm Haus herum …**
**Sarah** (Name des Kindes) **klein, ging allein …**

## Tipp

Wenn dem Kind solche Namensspielereien gefallen, versuchen Sie es auch mit den Namen von Oma, Schwester- oder Brüderchen, Mama und anderen Leuten, die es kennt.

… für 2-Jährige

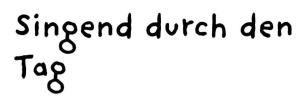

Was das Kind dabei lernt:
## sprachliche Fähigkeiten, Hörverständnis

# Singend durch den Tag

Die meisten Kinder dieses Alters haben großen Spaß daran, Lieder zu lernen.

### So geht es

▶ Singen Sie folgendes Lied auf die Melodie von „Bruder Jakob", wenn Sie das Kind wecken.

Guten Morgen, guten Morgen,
schläfst du noch, schläfst du noch?
Es ist Zeit zum Wecken,
es ist Zeit zum Wecken,
kleiner Schatz, kleiner Schatz.

▶ Sie können auch ein Lied über Körperteile singen.

Hallo, Schätzchen, hallo, Schätzchen,
zeige mir, zeige mir:
wo ist deine Nase, wo ist deine Nase?
Zeig sie mir, zeig sie mir.

▶ Sie können auch alltägliche Abläufe besingen.

Hast du Hunger, hast du Hunger?
Oder Durst, oder Durst?
Es ist Zeit fürs Frühstück,
es ist Zeit fürs Frühstück,
komm zu Tisch, komm zu Tisch.

Was das Kind dabei lernt:
**Beziehungen aufbauen**

# Schlafe gut!

Das Einschlafen sollte eine angenehme Erfahrung sein. Ein fester Ablauf kann für das Kind dabei sehr hilfreich sein.

## So geht es

▶ Suchen Sie sich ein Gedicht oder ein Lied aus, und sprechen oder singen Sie es dem Kind vor, wenn Sie es zum Schlafen hinlegen. Gute-Nacht-Lieder sind besonders gut geeignet. Hier sind einige Vorschläge:

Weißt du, wie viel Sternlein stehen
Die Blümelein, sie schlafen
Wer hat die schönsten Schäfchen
Schlaf, Kindlein, schlaf

▶ Denken Sie sich selbst ein kleines Gedicht wie das folgende aus.

Die Sterne funkeln durch die Nacht,
sie passen auf und halten Wacht,
drum träume süß und schlafe fest,
wie ein Vögelchen im Nest.

### Internettipp

Auf der Seite **www.spiellieder.de** finden Sie die Texte und Melodien der oben genannten und vieler weiterer schöner Schlaflieder.

... für 2-Jährige

Was das Kind dabei lernt:
**beobachten, sich erinnern**

*Spiele für 28 bis 30 Monate*

# Ein ganz persönliches Familienalbum

In diesem Alter kann das Kind sich über bestimmte Zeitspannen gut konzentrieren. Auch sein Gedächtnis arbeitet jetzt gut.

## So geht es

▶ Zeigen Sie dem Kind Fotos von Familienangehörigen. Verknüpfen Sie jedes Foto mit dem Namen, den Sie separat nennen, zum Beispiel „Mama", „Papa", „Oma" und so weiter.

▶ Breiten Sie die Bilder auf dem Tisch aus, und lassen Sie das Kind eine bestimmte Person suchen.

▶ Halten Sie eines der Bilder hoch, und sagen Sie zu dem Kind: „Wer ist das?" Geben Sie selbst immer die richtige Antwort, egal, ob das Kind die Person auf dem Bild richtig benannt hat oder nicht.

▶ Sehen Sie sich die Bilder noch einmal gemeinsam an. Benennen Sie die abgebildeten Personen, und sagen Sie etwas über sie, zum Beispiel: „Papa hat dich sehr lieb" oder „Oma hat ein freundliches Gesicht."

Was das Kind dabei lernt:
## soziale Fähigkeiten

# Wir bauen gemeinsam einen Zug

Erst jetzt lernen Kinder beim gemeinsamen Spiel mit anderen, einfache Regeln zu beachten.

## So geht es

▶ Setzten Sie sich mit dem Kind auf den Boden. Legen Sie zwei Haufen aus Bausteinen bereit, die sich zu einem Zug zusammenbauen lassen, – einen für Sie und einen für das Kind.

▶ Schlagen Sie dem Kind vor, dass Sie zusammen einen Zug bauen. Legen Sie einen Ihrer Bausteine zwischen Ihnen auf den Boden, und bitten Sie das Kind, einen seiner Bausteine dazuzulegen.

▶ Sprechen Sie mit dem Kind über den Zug, den Sie gerade bauen. Legen Sie den Finger auf einen Baustein, und sagen Sie: „Diesen Baustein hast du hingelegt." Zeigen Sie dann auf einen anderen Baustein, und sagen Sie: „Und diesen Baustein habe ich hingelegt."

▶ Spielen Sie „Zug" mit dem Kind. Schieben Sie die Bausteinreihe durch den Raum, und sagen Sie: „Tschu, tschu, hier kommt der Zug."

### Hinweis

Geben Sie dem Kind die Möglichkeit, auch einmal die Rolle des Anführers zu spielen, der dem Spielpartner Anweisungen gibt. So lernt es zu verstehen, was es bedeutet, zusammenzuarbeiten.

... für 2-Jährige

Was das Kind dabei lernt:
## räumliches Vorstellungsvermögen

*Spiele für 28 bis 30 Monate*

# Dort soll dein Spielzeug liegen

Bei diesem Spiel lernt das Kind Begriffe, die sich auf die Wahrnehmung eines dreidimensionalen Raumes beziehen, zum Beispiel „in", „unter", „auf", „neben" und „hinter".

## So geht es

▶ Legen Sie einen kleinen Korb bereit und ein Spielzeug, mit dem das Kind sich gern beschäftigt, zum Beispiel einen Ball.

Geben Sie dem Kind Anweisungen, wohin es das Spielzeug legen soll:
○ in den Korb
○ hinter den Korb
○ unter den Korb
○ auf den Korb

▶ Probieren Sie dasselbe mit anderen Spielzeugen oder auch mit einem Kleidungsstück. Bitten Sie das Kind zum Beispiel, eine Mütze auf seinen Kopf, neben seinen Kopf, unter seinen Fuß, hinter seinen Rücken usw. zu legen.

Was das Kind dabei lernt:
**Körperbewusstsein, Rollenspiele spielen**

# Badezeit für die Puppe

Nicht alle 2-Jährigen sind begeistert, wenn es heißt: **„Ab in die Badewanne!"** Allerdings haben die wenigsten etwas dagegen, wenn an ihrer Stelle die Puppe in die Wanne kommt. Und wenn sie sie auch noch selbst baden dürfen, sind sie mit Hingabe bei der Sache.

## So geht es

▶ Stellen Sie eine Schüssel mit Wasser bereit. Nehmen Sie eine waschbare Puppe, und erklären Sie dem Kind, sie müsse dringend gebadet werden.

▶ Während das Kind die Puppe badet, weisen Sie es darauf hin, welche Körperteile besonders gründlich gewaschen werden sollen. Sagen Sie zum Beispiel: **„Kannst du der Puppe die Beine waschen? Die Zehen? Den Hals?"**

▶ Wenn die Puppe fertig gebadet ist, lassen Sie das Kind sie abtrocknen und zu Bett bringen.

... für 2-Jährige

Was das Kind dabei lernt:
**Koordination**

# Wasserspiele

Die meisten 2-Jährigen können nicht genug davon bekommen, mit Wasser zu spielen. Im Folgenden finden Sie einige Ideen für Wasserspiele.

## So geht es

▶ Ermuntern Sie das Kind, Tischplatten und Arbeitsflächen mit einem Schwamm oder Lappen abzuwischen.

▶ Geben Sie dem Kind eine Sprühflasche, mit der es abwaschbare Dinge bespritzen und dann wieder abtrocknen kann.

▶ Geben Sie dem Kind verschiedene Behälter, und stellen Sie eine Schüssel mit Wasser bereit. So kann es etwas Wasser von einem Behälter in einen anderen Behälter gießen.

▶ Lassen Sie das Kind Geschirr in einer Schüssel abspülen und es zum Ablaufen in eine andere Schüssel legen.

▶ Geben Sie dem Kind Plastikenten, Boote und andere Wasserspielzeuge. Diese kann es in einer großen Schüssel mit Wasser oder einer Badewanne schwimmen lassen.

▶ Ermuntern Sie das Kind herauszufinden, welche Dinge auf der Wasseroberfläche schwimmen und welche zu Boden sinken.

Was das Kind dabei lernt:
Auge-Hand-Koordination, Kreativität

# Formen aus essbarer Knete

Bislang hat sich das Kind beim Umgang mit verschiedenen Materialien hauptsächlich darauf konzentriert, wie sich diese anfühlen. Jetzt beginnt es allmählich, bewusst mit Materialien zu gestalten.

## So geht es

▶ Waschen Sie sich gründlich die Hände, und achten Sie auch darauf, dass das Kind saubere Hände hat.

▶ Mischen Sie gemeinsam die folgenden Zutaten in einer Schüssel:
320 g Erdnussbutter, 90 g Honig, 125 g Magermilchpulver

▶ Lassen Sie das Kind mit der Knete experimentieren und herausfinden, was man alles damit anstellen kann. Zum Beispiel:
- eine Kugel formen
- die Knete zwischen den Händen zermatschen
- mit den Handflächen eine Wurst rollen
- eine Kugel formen und mit den Fingern Löcher hineinbohren
- die Knete platt drücken und Augen, Nase und Mund hineindrücken

▶ Essen Sie die Knete anschließend auf. Guten Appetit!

## Tipp

Es gibt auch essbare Knete zu kaufen.

... für 2-Jährige

Was das Kind dabei lernt:
### Formen wahrnehmen

# Mit Formen gestalten

Bei diesem Spiel wird das Kind dafür sensibilisiert, Formen wahrzunehmen. Durch die Verwendung verschiedener Materialien wird ihm das „Begreifen" über verschiedene Sinne ermöglicht.

### So geht es

▶ Wählen Sie eine Form aus, die Sie dem Kind zeigen möchten, zum Beispiel einen Kreis, ein Quadrat, ein Dreieck oder ein Herz. Schneiden Sie diese Form aus unterschiedlichen Materialien zu, zum Beispiel aus Papier, Folie oder Stoff.

▶ Breiten Sie einen großen Bogen Tonpapier auf dem Tisch aus. Zeigen Sie dem Kind, wie man die ausgeschnittenen Formen auf das Bastelpapier klebt.

▶ Geben Sie dem Kind dieselbe Form aus einem anderen Material. Verteilen Sie etwas Klebstoff auf der Rückseite, und lassen Sie es die Form aufkleben.

▶ Fahren Sie so fort, bis alles aufgeklebt ist, und sprechen Sie dabei mit dem Kind über die Form.

▶ Loben Sie das Kind für das schöne Bild, das es gebastelt hat. Hängen Sie das Bild so auf, dass das Kind es sehen kann.

Was das Kind dabei lernt:
**Materialien erkunden**

# Experimente mit Rubbelbildern

Ein 2-jähriges Kind sollte verschiedene Materialien zur Verfügung haben, um kreativ sein zu können. Neben Zeiträumen zum freien Gestalten können Sie ihm auch Anregungen wie die folgende anbieten.

## So geht es

▶ Suchen Sie Sachen mit interessanter Oberflächenstruktur zusammen, zum Beispiel Blätter, Münzen, Wolle oder flache Knöpfe.

▶ Wickeln Sie die Papierhülsen von einigen Wachsmalstiften. Bedecken Sie Ihre Fundstücke mit einem Stück Papier und ermuntern Sie das Kind, mit dem Stift über das Papier zu fahren.

▶ Sprechen Sie mit dem Kind über die Muster und Bilder, die wie von Zauberhand auf dem Papier erscheinen.

### Hinweis

Eine solche „Frottage" zu erstellen ist für Kinder dieses Alters eine relativ anspruchsvolle Aufgabe. Es macht nichts, wenn diese jetzt noch nicht alleine gelingt. Unterstützen Sie das Kind, indem Sie ihm zum Beispiel helfen, das Papier festzuhalten. Verwenden Sie auch nicht zu dünnes Papier. Es könnte sonst schnell reißen.

Was das Kind dabei lernt:
**Feinmotorik, Materialien wahrnehmen**

*Spiele für 28 bis 30 Monate*

# Papierspaß

Papier zu zerreißen macht viel Spaß und fördert zudem die feinmotorischen Fähigkeiten eines Kindes.

## So geht es

▶ Geben Sie dem Kind Papierstücke aus Zeitschriften, Katalogen und Zeitungen. Machen Sie Vorschläge, wie das Papier zerrissen werden kann: in kleine, große, lange oder kurze Stücke.

▶ Legen Sie einen großen Bogen Tonpapier bereit, und kleben Sie mit dem Kind gemeinsam eine Kollage aus den entstandenen Papierschnipseln.

▶ Geben Sie dem Kind weitere Bögen aus verschiedenen Papiersorten: feste und feine Papiere, Papiere mit glatter oder rauer Oberfläche usw. Sprechen Sie mit dem Kind darüber, wie sie sich anfühlen.

▶ Reißen Sie die Papierbögen gemeinsam in ganz kleine Stückchen. Lassen Sie es „schneien", indem Sie sie in die Luft werfen.

## Hinweis

Manche Papierarten lassen sich leichter reißen als andere. Seidenpapier, Geschenkpapier, Butterbrotpapier und Küchentücher finden Kinder besonders interessant.

Was das Kind dabei lernt:
**Kreativität**

# Pizzaspaß

Kreativität bedeutet nicht unbedingt, eine große künstlerische Leistung zu vollbringen. Auch die Zubereitung eines Mittagessens kann Raum zum kreativen Gestalten bieten.

## So geht es

▶ Bereiten Sie einen Pizzaboden vor, und legen sie verschiedene Gemüsesorten als Belag bereit, zum Beispiel grüne und rote Paprikawürfel, Oliven, Möhrenstreifen, Sellerie- und Ananasstücke oder Rosinen. Vergessen Sie den Raspelkäse nicht.

▶ Geben Sie Pizzasauce darüber auf den Teig. Breiten Sie Ihre Auswahl an Gemüsebelägen aus, und zeigen Sie dem Kind, wie es das Gemüse auf dem Pizzaboden verteilen kann. Ermuntern Sie es, die Pizza weiterzubelegen.

▶ Lassen Sie das Kind am Ende den Käse auf der Pizza verteilen. Schieben Sie die Pizza dann in den Ofen, und backen Sie sie. Und dann: Guten Hunger!

... für 2-Jährige

Was das Kind dabei lernt:
**Fantasie**

# Die Weintraubenraupe

Um die kindliche Fantasie anzuregen, bedarf es nicht viel. Manchmal reichen dazu schon ein paar Weintrauben aus.

## So geht es

▶ Halbieren Sie einige grüne, kernlose Weintrauben. Gestalten Sie daraus einen „Raupenkörper". Legen Sie Rosinen als „Füße" und zwei Rosinen als Augen dazu.

▶ Sprechen Sie dem Kind das folgende Raupengedicht vor:

An einem schönen Maienmorgen
erwacht, im Blätterwald verborgen,
die kleine grüne Raupe.

Sie ist grün, so wie der Baum.
„Und grün auf grün, das sieht man kaum",
denkt sich die kleine Raupe.

Sie reckt genüsslich Bein um Bein,
sechs, sieben Paare werden es wohl sein
bei dieser kleinen Raupe.

Dann krabbelt sie von Blatt zu Blatt
und frisst sich rund und pappesatt,
die kleine grüne Raupe.

Da kommt ein Vogel angeflattert,
er sieht nur grün und ist verdattert,
doch dann sieht er die Raupe.

Und gleich wird auch sein Hunger wach,
er macht den Schnabel auf
und, ach!
Er frisst die kleine Raupe!

*Spiele für 28 bis 30 Monate*

Was das Kind dabei lernt:
**Körperbewusstsein, Kreativität**

# Selbstgestaltete Orangengesichter

Bei dem folgenden Kreativspiel kann das Kind nicht nur gestalterisch tätig sein. Sie fördern zugleich sein Körperbewusstsein.

## So geht es

▶ Unterhalten Sie sich mit dem Kind über Gesichter. Fragen Sie es zum Beispiel: „Wo ist deine Nase?" und „Wo sind deine Augen?"

▶ Malen Sie einen großen Kreis auf ein Stück Papier und zeichnen Sie die Körperteile ein, über die Sie gesprochen haben.

▶ Schneiden Sie eine Orange in Scheiben. Gestalten Sie gemeinsam mit dem Kind aus Rosinen, Nüssen und Paprikastreifen Gesichter daraus. Diese können Sie dann gemeinsam verspeisen.

... für 2-Jährige

**Was das Kind dabei lernt:**
**Farben und Materialien erkunden**

*Spiele für 28 bis 30 Monate*

# Beerenstark

Beeren schmecken lecker und sind außerdem gesund.

## So geht es

▶ Nehmen Sie zwei Beerensorten mit unterschiedlichen Farben und Oberflächen, zum Beispiel Blaubeeren und Erdbeeren.

▶ Zeigen Sie dem Kind, wie man die Beeren wäscht und trocken tupft.

▶ Sortieren Sie die Beeren: Erdbeeren in eine Schüssel, Blaubeeren in eine andere. Sagen Sie bei jeder Beere den Namen dazu.

▶ Lassen Sie das Kind von den Beeren probieren und sprechen Sie mit ihm über Farbe, Form und Geschmack.

▶ Stellen Sie einen Nachtisch her, indem Sie zum Beispiel etwas Vanille-Jogurt in eine Schale geben und das Kind die Beeren unterrühren lassen.

Was das Kind dabei lernt:
**Selbstständigkeit**

# Affenfutter

Unterstützen Sie das Kind mit diesem Spiel in seinem Bestreben nach Selbstständigkeit.

## So geht es

▶ Legen Sie zwei Bananen sowie eine Schale mit Zimt und gemahlenen Nüssen bereit.

▶ Erzählen Sie dem Kind eine Geschichte über ein Äffchen namens Lukas (Setzen Sie hier den Namen des Kindes ein). Das Äffchen schwang sich munter von Ast zu Ast und hielt Ausschau nach Bananen.

▶ Tun Sie so, als würden Sie von Ast zu Ast turnen. Stoßen Sie Affenschreie aus. Tun Sie dann so, fänden Sie eine Banane und schälen Sie sie.

▶ Geben Sie auch dem Kind eine Banane zum Schälen. Dabei müssen Sie ihm vielleicht helfen. Zeigen Sie ihm, wie es die Banane mit einem Plastikmesser in Scheiben schneiden kann.

▶ Ermuntern Sie das Kind, die Bananenscheiben in Zimt und gemahlenen Nüssen zu wälzen. Essen Sie die Bananen gemeinsam auf.

## Tipp

Sie können die Bananen auch mit Haferflocken, Rosinen oder Jogurt vermischen oder im Mixer einen Bananen-Milchshake aus Bananenscheiben und Milch oder Jogurt zubereiten.

... für 2-Jährige

Was das Kind dabei lernt:
### Selbstständigkeit

*Spiele für 28 bis 30 Monate*

# Müsli mischen

Sie werden beobachten, dass das Kind immer selbstständiger wird und immer mehr Sachen ohne Ihre Hilfe machen will. Lassen Sie das Kind tatsächlich vieles allein bewerkstelligen, und unterstützen oder trösten Sie es, falls ihm manches noch nicht gelingt.

### So geht es

▶ Messen Sie Zutaten für eine Müslimischung ab, die das Kind in eine Schüssel geben und verrühren kann. Geben Sie zum Beispiel Rosinen, Haferflocken und Weizenkeime in kleine Schüsseln.

▶ Geben Sie dem Kind eine größere Schüssel. Ermuntern Sie es, die kleinen Schüsseln darin auszuleeren und dann alles gut zu vermischen.

▶ Geben Sie dann Milch dazu, rühren Sie die Mischung noch einmal um, und genießen Sie gemeinsam das Ergebnis!

Was das Kind dabei lernt:
# beobachten

# Samen wachsen lassen

Pflanzensamen bieten 2-Jährigen die Möglichkeit für viele interessante Beobachtungen.

## So geht es

▶ Bereiten Sie gemeinsam mit dem Kind drei breitere Marmeladengläser vor, indem sie diese mit Watte auslegen. Feuchten Sie die Watte mit einer Blumen-Sprühflasche an.

▶ Drücken Sie mit dem Kind Samen unterschiedlicher Pflanzensorten in die Watte. Verwenden Sie dabei für jedes Glas eine andere Pflanzensorte (z.B. Erbse, Kresse, Bohne). Sie können zusätzlich kleine Klebeetiketten mit Abbildungen der entsprechenden Pflanze auf die Gläser kleben. So können Sie nachher genau sehen, welcher Samen schneller oder langsamer wächst.

▶ Decken Sie die Marmeladengläser mit Deckeln ab, die aber nicht zugeschraubt werden dürfen. Platzieren Sie die Gläser an einem hellen Ort.

▶ Beobachten Sie nun jeden Tag mit dem Kind, wie die Samen sich entwickeln. Dabei sollten Sie auch darauf achten, dass die Watte immer feucht bleibt.

▶ Sprechen Sie mit dem Kind über Ihre Beobachtungen. Vergleichen Sie dabei auch, welche Samen sich zuerst verändern oder welche langsamer gewachsen sind.

... für 2-Jährige

Was das Kind dabei lernt:
## Formen wahrnehmen

# Kekse sortieren

Die Wahrnehmungsfähigkeit des Kindes verbessert sich stetig. Der Schwerpunkt hat sich auf die optische Wahrnehmung verlagert. Das bedeutet, das Kind muss nicht mehr alle Dinge mit den Händen erfühlen, sondern kann sie auch optisch erfassen.

### So geht es

▶ Legen Sie eine Auswahl unterschiedlich geformter Kekse auf ein Platzdeckchen. Suchen Sie besonders interessante Größen und Formen aus. Bereiten Sie ein weiteres Platzdeckchen mit den gleich geformten Keksen vor.

▶ Legen Sie ein Platzdeckchen vor das Kind und das andere vor sich auf den Tisch.

▶ Nehmen Sie einen Keks in die Hand, und sagen Sie etwas zu seiner Form, seiner Größe und seinem Duft.

▶ Ermuntern Sie das Kind, einen gleichgeformten Keks auf seinem Platzdeckchen zu suchen. Sparen Sie nicht mit Lob, wenn es den passenden Keks gefunden hat.

▶ Wenn Sie für jeden Keks ein Gegenstück gefunden haben, mischen Sie sie, und wiederholen Sie das Spiel.

▶ Essen Sie und das Kind zum Schluss die Kekse auf.

Was das Kind dabei lernt:
**zuordnen**

# Spaß mit Äpfeln

Im Alter von zwei Jahren beginnen Kinder, die Bezeichnungen für unterschiedliche Farben zu lernen.

## So geht es

▶ Legen Sie rote und grüne Äpfel in einen Beutel. Nehmen Sie nicht mehr als sechs bis acht Äpfel insgesamt.

▶ Bitten Sie das Kind, die Äpfel einen nach dem anderen aus dem Beutel zu holen. Sagen Sie immer, wenn ein Apfel zum Vorschein kommt: „Ah, ein grüner Apfel" bzw. „Ah, ein roter Apfel."

▶ Wenn der Beutel leer ist, sortieren Sie die Äpfel nach ihrer Farbe. Bitten Sie das Kind, erst alle roten Äpfel in den Beutel zurückzulegen und dann die grünen.

### Hinweis

Wenn Sie dieses Spiel ein paar Mal gespielt haben, versteht das Kind, wie es die Äpfel nach Farben sortieren kann.

... für 2-Jährige

Was das Kind dabei lernt:
**Selbstständigkeit**

# Spaß mit dem Schwamm

Mit einem 2-jährigen Kind zu kochen macht wirklich Spaß. Und auch das Aufräumen danach kann Spaß bereiten.

## So geht es

▶ Füllen Sie eine Schüssel mit Wasser, und stellen Sie eine weitere leere Schüssel daneben.

▶ Zeigen Sie dem Kind, wie es einen Schwamm nass machen und das aufgesogene Wasser in der leeren Schüssel ausdrücken kann.

▶ Wenn Sie den Eindruck haben, dass es genug mit Wasser und Schwamm gespielt hat, zeigen Sie ihm, wie es mit dem ausgedrückten Schwamm etwas sauber wischen kann. Geben Sie ihm konkrete Aufgaben, zum Beispiel: „Wische bitte den Tisch ab." oder „Kannst du bitte das Waschbecken auswischen?"

### Hinweis

Wenn das Kind zunächst lernt, wie es den Schwamm ausdrücken kann, begreift es, dass dies der Schritt ist, der vor dem Abwischen kommt.

Was das Kind dabei lernt:
## zählen

# Eins, zwei, fideldumdei

Im Alter von zwei Jahren beginnen Kinder, Zahlen zu verstehen. Je mehr Möglichkeiten sie haben, zu zählen und Zahlen im Zusammenhang mit Bildern, Körperteilen oder Gegenständen zu erleben, desto eher werden sie begreifen, was Zählen bedeutet.

## So geht es

Halten Sie zwei Finger in die Höhe. Sagen Sie, während Sie auf die einzelnen Finger zeigen:

Eins, zwei,
fideldumdei.

▶ Zeigen Sie auf andere paarige Körperteile, zum Beispiel Ohren, Augen, Knie, Ellbogen und Füße, und wiederholen Sie dabei den kleinen Reim. Ermuntern Sie das Kind, mitzumachen.

▶ Wenn das Kind mit diesem Spiel ein wenig Übung hat, sehen Sie sich im Haus und im Freien nach Sachen um, die paarweise vorhanden sind, zum Beispiel Stühle, Bilder, Bäume, Schaukeln oder auch Muster auf Stoffen oder Tapeten. Sprechen Sie erneut den Reim.

▶ Geben Sie dem Kind zwei Bausteine. Ermuntern Sie es, die Bausteine nacheinander in die Hand zu nehmen, und wieder den Reim zu sprechen. Genauso kann es umgekehrt gehen: Das Kind sagt den Reim auf und stellt dabei die Bausteine nacheinander auf den Boden zurück.

... für 2-Jährige

Was das Kind dabei lernt:
**zählen**

# Zählspaziergang

Bieten Sie dem Kind immer neue Gelegenheiten, um die Idee des Zählens zu verstehen und die Zahlenfolge zu verinnerlichen.

## So geht es

▶ Nehmen Sie das Kind an die Hand, und machen Sie mit ihm einen Spaziergang durch Ihre Einrichtung oder Ihre Wohnung.

▶ Fangen Sie an, vertraute Gegenstände, wie beispielsweise Stühle, laut zu zählen, während Sie von Zimmer zu Zimmer gehen. Wenn Sie bei fünf angekommen sind, hören Sie zu zählen auf.

▶ Malen Sie fünf Stühle auf ein großes Stück Papier. Zählen Sie sie mit dem Kind zusammen noch einmal durch.

▶ Fragen Sie das Kind, was Sie als Nächstes zählen sollen, und begeben Sie sich auf einen weiteren Zählspaziergang.

Was das Kind dabei lernt:
## zählen

# Ein Uhr, zwei Uhr

Mit diesem kleinen Reim kann sich das Kind mit den Zahlwörtern vertraut machen und lernt das Zählen auf spielerische Weise.

## So geht es

▶ Nehmen Sie eine Hand des Kindes, und sagen Sie den folgenden Reim auf. Halten Sie bei „**ein Uhr**" einen seiner Finger in die Höhe, bei „**zwei Uhr**" einen zweiten usw.

Tick tock macht die Uhr,
tick tock, Stund' für Stund'.
Ein Uhr, zwei Uhr
geht der Zeiger rund.

Tick tock macht die Uhr,
tick tock, Stund' für Stund'.
Drei Uhr, vier Uhr
geht der Zeiger rund.

▶ Ermuntern Sie das Kind, seine Finger selbstständig an den entsprechenden Stellen in die Höhe zu strecken. Vermutlich müssen Sie ihm am Anfang noch etwas dabei helfen.

... für 2-Jährige

Was das Kind dabei lernt:
### Körperbewusstsein

# Ich habe eine Nase

Die Fähigkeit des Kindes, sich selbst im Spiegel zu erkennen, eröffnet neue Spielmöglichkeiten.

## So geht es

▶ Sagen Sie das folgende Gedicht. Zeigen Sie dabei auf die Körperteile, die genannt werden.

Ich habe eine Nase,
einen Kopf und einen Bauch.
Ich habe noch zwei Augen.
Die hast du auch.

Ich habe zwei Ohren,
zwei Arme und zwei Beine.
Ich habe auch zwei Daumen.
Und wo sind deine?

▶ Sprechen Sie den Reim erneut. Setzen Sie dabei immer wieder neue Körperteile ein, damit das Kind seinen Körper gut kennenlernt.

▶ Stellen Sie sich mit dem Kind vor den Spiegel. Sagen Sie das Gedicht auf, und zeigen Sie auf die genannten Körperteile. Ermuntern Sie das Kind, mitzumachen.

### Hinweis

Falls das Kind Schwierigkeiten hat, nur mit Hilfe des Spiegelbildes auf seine Köperteile zu zeigen, führen Sie seine Hand. Nach einer Weile wird es ihm sicher alleine gelingen.

Was das Kind dabei lernt:
**zählen**

# Drei kleine Katzen

Mit diesem lustigen Tierreim lernt sich das Zählen fast von selbst.

## So geht es

▶ Sprechen Sie dem Kind das folgende Gedicht von den drei Katzen vor. Halten Sie immer, wenn Sie das Wort „**drei**" sagen, drei Finger einer Hand hoch.

Drei kleine Katzen
räkeln sich im Korb.
Miau, miau, miau,
räkeln sich im Korb.

Drei kleine Katzen,
sei dabei,
drei kleine Katzen:
eins, zwei, drei.

▶ Variieren Sie diesen Reim mit weiteren Tierarten, zum Beispiel drei weiße Schafe (die auf der Weide blöken), drei kleine Schweine (die sich im Schlamm wälzen) und drei kleine Hühnchen (die auf dem Nest sitzen).

... für 2-Jährige

Was das Kind dabei lernt:
**nachahmen, zählen**

*Spiele für 28 bis 30 Monate*

# Die vier kleinen Mäuse

Mäuse sind bei den meisten Kindern aufgrund ihres putzigen Aussehens beliebt. Der kleine Mäuse-Reim hilft ihnen nicht nur beim Zählenlernen, sondern macht auch großen Spaß.

## So geht es

▶ Sprechen Sie mit dem Kind über Mäuse: Unterhalten Sie sich drüber, wo sie wohnen, was sie fressen etc. Sehen Sie sich Bilder von Mäusen an, und ahmen Sie gemeinsam das Fiepen der Mäuse nach.

▶ Sagen Sie das folgende Gedicht auf, und machen Sie die dazugehörigen Bewegungen.

**Vier kleine Mäuse kratzen an der Tür.** (Heben Sie vier Finger und machen Sie Kratzbewegungen.)

**Eins, zwei, drei und vier.** (Zählen Sie jeden Finger einzeln.)
„Hallo, Mäuse, was wollt ihr?"

**Eins, zwei, drei und vier.** (Zählen Sie jeden Finger einzeln.)
„Guten Tag, wir wohnen hier!"

**Eins, zwei, drei und vier.** (Zählen Sie jeden Finger einzeln.)
„Hereinspaziert, ich öffne die dir." (Lassen Sie die Finger über die Tischplatte wandern.)

▶ Ermuntern Sie das Kind zum Mitmachen.

Was das Kind dabei lernt:
## sprachliche Fähigkeiten

# Die Überraschungstüte

Dem Kind bereitet es jetzt große Freude, sich mit Erwachsenen zu „unterhalten". Nutzen Sie das folgende kleine Spiel als Gesprächsanlass.

## So geht es

▶ Legen Sie drei oder vier Gegenstände, die das Kind gut kennt, in eine Einkaufstasche. Das könnten zum Beispiel ein Spielzeugauto, ein Stift, ein Stofftier, ein Plastikbecher, ein Ball und ein Baustein sein.

▶ Setzen Sie sich mit der Tasche dem Kind gegenüber auf den Boden. Lassen Sie eine Hand in der Tasche verschwinden, und fragen Sie das Kind: „Weißt du, was ich aus der Tasche hole?"

▶ Ziehen Sie ganz langsam und geheimnisvoll einen der Gegenstände, zum Beispiel das Auto, aus der Tasche. Singen Sie beim Hervorziehen:

Wische, wische, wasche, was ist in der Tasche?

▶ Geben Sie dem Kind das Spielzeugauto. Sprechen Sie mit ihm darüber, wie es aussieht, wie es sich anfühlt, was man damit machen kann, und natürlich darüber, wie man es nennt.

▶ Bitten Sie das Kind, das Auto wieder in die Tasche zu legen. Ziehen Sie dann einen anderen Gegenstand heraus, z.B. den Baustein. Führen Sie das Spiel auf die beschriebene Weise fort, bis Sie alle Gegenstände betrachtet haben.

Was das Kind dabei lernt:
## Körperbewusstsein

*Spiele für 28 bis 30 Monate*

# Die Zehen wackeln

Mit Spielen wie dem folgenden unterstützen Sie das Kind, seinen Bewegungsreichtum zu erweitern.

### So geht es

▶ Ziehen Sie sich und dem Kind Schuhe und Strümpfe aus, und zeigen Sie dem Kind, wie man mit den Zehen wackelt.

▶ Singen Sie ein Lied, das dem Kind besonders gut gefällt, und wackeln Sie dazu mit den Zehen.

▶ Denken Sie sich ein Lied über Ohren, Knie, Ellbogen, Finger und Nase aus, und wackeln Sie mit den entsprechenden Körperteilen dazu.

### Tipp

Probieren Sie auch, mit zwei Körperteilen gleichzeitig zu wackeln.

Kleine Spiele zum Großwerden ...

Was das Kind dabei lernt:
**Körperbewusstsein**

# Was meine Hände alles können

Mit diesem Spiel ermöglichen Sie dem Kind, sich einmal ganz bewusst mit seinen Händen zu beschäftigen.

## So geht es

▶ Nehmen Sie einen Bogen festes Tonpapier, legen Sie Ihre Hand darauf und zeichnen Sie den Umriss mit einem Stift nach.

▶ Ermuntern Sie das Kind, seine Hand ebenfalls auf das Papier zu legen, und zeichnen Sie seinen Handumriss ebenfalls auf das Papier.

▶ Machen Sie das Kind darauf aufmerksam, dass Ihre Hand größer ist als seine. Geben Sie ihm dicke Stifte, mit denen es die Hände ausmalen kann.

▶ Schneiden Sie die Umrisse aus, und kleben Sie sie auf ein größeres Stück Papier, das Sie gut sichtbar an der Wand anbringen.

▶ Sprechen Sie über all die Sachen, die man mit den Händen machen kann. Ermuntern Sie das Kind, ein paar von diesen Sachen zu machen, zum Beispiel:

- ○ Hände schütteln
- ○ zur Begrüßung winken
- ○ mit den Fingern wackeln
- ○ den Finger an die Lippen legen und „Schhh!" machen
- ○ die Hand heben und „Stopp!" rufen

... für 2-Jährige

Was das Kind dabei lernt:
**Fantasie, Spaß haben**

# Grimassen schneiden

Ein „Kuckuck"-Spiel mit verrückten Grimassen oder auch Geräuschen zu kombinieren ist eine äußerst spaßige Variation dieses Spiele-Klassikers.

## So geht es

▶ Machen Sie ein albernes Gesicht: Strecken Sie die Zunge aus, machen Sie ein „Fischmaul", oder ziehen Sie die Nase kraus.

▶ Ermuntern Sie das Kind mitzualbern und auch das Gesicht zu verziehen. Lachen Sie über seine Grimassen, und spornen Sie es an, sich immer wieder neue Gesichter auszudenken.

▶ Verbergen Sie das Gesicht in den Händen, und sagen Sie: „Kuckuck!" Nehmen Sie die Hände vom Gesicht, und schneiden Sie eine Grimasse.

▶ Ermuntern Sie das Kind, das Gesicht in den Händen zu verbergen. Sagen Sie wieder: „Kuckuck!" Das Kind weiß nun, was es tun soll: die Hände vom Gesicht nehmen und Ihnen seine Grimasse zeigen.

**Variation:**

Wenn Sie dieses Spiel eine Weile nur mit Grimassenschneiden gespielt haben, machen Sie zu den albernen Gesichtern auch alberne Geräusche.

Was das Kind dabei lernt:
## Gleichgewicht

# Auf dem Klebestreifenpfad

Dieses Spiel fordert das Kind zu einem Balanceakt heraus und fördert so die Verbesserung seines Gleichgewichtssinns.

## So geht es

▶ Kleben Sie mit Klebeband eine etwa 10 cm breite Linie auf den Boden. Bauen Sie dabei mehrere Kurven ein.

▶ Nehmen Sie das Kind an die Hand, während es auf dem Klebestreifenpfad balanciert. Sie können es ihm auch einmal vormachen.

▶ Wenn das Kind versteht, wie es auf dem Klebeband laufen kann, schlagen Sie einen Richtungswechsel vor: Starten Sie Ihre Reise am anderen Ende der Klebebandlinie.

### Variation

Probieren Sie auch andere Bewegungsarten aus, zum Beispiel hüpfen, rückwärtsgehen oder auf Zehenspitzen laufen.

... für 2-Jährige

Was das Kind dabei lernt:
**Aufforderungen nachkommen, Koordination**

# Das Bewegungsspiel

Im Laufe seiner zwei Lebensjahre ist das Kind erstaunlich wendig geworden. Nun kann es mit den Bewegungsarten experimentieren, die es bereits kennt.

## So geht es

Machen Sie dem Kind die folgenden Fortbewegungsarten vor:
- Riesenschritte machen
- rückwärtsgehen
- kleine Trippelschritten machen
- seitwärtsgehen
- schnell hüpfen
- rückwärtsmarschieren

Ermuntern Sie das Kind nach jeder vorgeführten Fortbewegungsart, diese mit- oder nachzumachen.

*Spiele für 28 bis 30 Monate*

Kleine Spiele zum Großwerden ...

Was das Kind dabei lernt:
**Koordination**

# Quer durch den Raum

Indem das Kind unterschiedliche Bewegungsarten ausprobiert, kann es seine motorischen Fähigkeiten weiter ausbauen.

## So geht es

▶ Bitten Sie das Kind, sich an eine Seite des Raumes zu stellen. Gehen Sie auf die gegenüberliegende Seite, und stellen Sie sich dem Kind gegenüber.

▶ Lassen Sie das Kind entscheiden, wie es zu Ihnen gelangen will. Helfen Sie ihm, wenn es Schwierigkeiten dabei hat, indem Sie ihm Vorschläge machen, zum Beispiel hüpfen, gehen, laufen, rückwärts- oder seitwärtsgehen, wie ein Hase hoppeln oder wie eine Schlange kriechen.

▶ Wenn sich das Kind für eine Fortbewegungsart entschieden hat, geben Sie ein Startzeichen, zum Beispiel: „Achtung, fertig, los!"

▶ Sobald das Kind bei Ihnen ankommt, nehmen Sie es mit großem Hallo in den Arm. Dann sagen Sie: „Zeit, nach Hause zu gehen." Das Kind geht wieder an seine Zimmerseite zurück, und das Spiel kann von vorne beginnen.

... für 2-Jährige

Was das Kind dabei lernt:
### Koordination

*Spiele für 28 bis 30 Monate*

# Wir hüpfen bis zur Wand

Die Kinder können in diesem Alter ihre Beine immer koordinierter bewegen und flexibler einsetzen. Genau die richtigen Zeit, die ersten Hüpfversuche zu unternehmen.

### So geht es

▶ Nehmen Sie das Kind an die Hand, und hopsen Sie gemeinsam auf der Stelle.

▶ Sagen Sie: „Eins, zwei, wir hüpfen bis zur Wand." Halten Sie das Kind an der Hand, während Sie sich zusammen zur nächsten Wand bewegen.

▶ Suchen Sie immer wieder neue Ziele aus, die Sie ansteuern, zum Beispiel einen Zaun oder einen Baum. Sagen Sie: „Eins, zwei, wir hüpfen bis zum Baum." etc.

*Kleine Spiele zum Großwerden ...*

Was das Kind dabei lernt:
**Nachahmung**

# Ein tierischer Bewegungsreim

Kinderreime beinhalten häufig vielfältige Bewegungsanreize, und lassen sich deshalb gut zu kleinen Spielen verwandeln.

## So geht es

▶ Zeigen Sie dem Kind Bilder von einem Fisch, einem Vogel und einer Raupe.

▶ Überlegen Sie gemeinsam, wie sich diese Tiere fortbewegen. Ein Fisch schwimmt, ein Vogel fliegt und eine Raupe kriecht.

▶ Ahmen Sie mit dem Kind zusammen die drei Tiere nach: Verwandeln Sie sich in einen Fisch, indem Sie durch den Raum schwimmen, wie eine Raupe kriechen und wie ein Vogel fliegen.

▶ Sprechen Sie den folgenden Reim, und begleiten Sie ihn mit passenden Bewegungen:

Schwimm, kleiner Fisch, im See herum.
Kriech, kleine Raupe, mach dich krumm.
Flieg, kleiner Vogel, in die Bäume.
Schlaft, liebe Kinder, schöne Träume.

▶ Wiederholen Sie den Reim, und ermuntern Sie das Kind, die Bewegungen mitzumachen.

... für 2-Jährige

Was das Kind dabei lernt:
## sprachliche Fähigkeiten

*Spiele für 28 bis 30 Monate*

# Bewegungsreim mit Hans und Franz

Bei diesem kleinen Rollenspiel kann das Kind seine Fähigkeit festigen, Aufforderungen in Handlungen umzusetzen.

## So geht es

▶ Sagen Sie das folgende kleine Gedicht auf, und führen Sie die entsprechenden Bewegungen dabei aus:

Zwei kleine Vögel sitzen auf dem Dach.
(beide Zeigefinger hochhalten)
Sie heißen Hans und Franz und machen reichlich Krach.
(mit den Zeigefingern flattern, dabei laut pfeifen)

Flieg davon, Hans,
(Verstecken Sie einen Zeigefinger hinter Ihrem Rücken.)
flieg davon, Franz.
(Verstecken Sie auch den anderen Zeigefinger hinter Ihrem Rücken.)
Komm zurück, Hans,
(Holen Sie einen Zeigefinger hinter Ihrem Rücken hervor.)
komm zurück, Franz.
(Holen Sie den anderen Zeigefinger hinter Ihrem Rücken hervor.)

▶ Schlüpfen Sie mit dem Kind in die Rollen von Hans und Franz. Sprechen Sie das Gedicht erneut, während Sie und das Kind entsprechend Ihrer Rolle die passenden Bewegungen dazu umsetzen.

Was das Kind dabei lernt:
**Tierlaute**

# Die Stickerspur

Kleine Kinder lieben Sticker. Deshalb wird ihnen sicher auch das folgende Spiel viel Vergnügen bereiten.

## So geht es

▶ Suchen Sie sich einen Raum, in dem Sie eine Stickerspur auf den Boden kleben können, und kleben Sie eine Spur, die hinter einem Stuhl oder einem Sessel endet. Achten Sie darauf, dass Sie ablösbare Sticker verwenden.

▶ Zeigen Sie dem Kind, wie es den Pfad bis zum Ende entlanggeht.

▶ Setzen Sie ein Stofftier ans Ende der Stickerspur, das darauf wartet, in den Arm genommen zu werden.

▶ Tun Sie so, als seien Sie ein Hund, der bellend die Spur verfolgt. Wenn Sie das Stofftier erreichen, bellen Sie und nehmen es in den Arm. Ermuntern Sie das Kind, ebenfalls in die Rolle des Hundes zu schlüpfen.

▶ Variieren Sie dieses Spiel auch mit anderen Tierrollen. Ahmen Sie zum Beispiel Katzen, Kühe, Enten und Schweine nach.

... für 2-Jährige

Was das Kind dabei lernt:
### Farben erkennen

*Spiele für 28 bis 30 Monate*

# Bewegungsspaß mit Stoppschild

Bei diesem Spiel können Sie dem Kind ganz nebenbei etwas über Ampeln und Stoppschilder beibringen.

## So geht es

▶ Schneiden Sie aus Tonpapier einen roten und einen grünen Kreis aus. Sie sollten so groß sein, dass das Kind sie problemlos festhalten kann.

▶ Sagen Sie: „Jetzt laufen wir. Kannst du den grünen Kreis hochhalten und mit mir laufen?" (Sie können auch eine andere Bewegungsart auswählen.)

▶ Nachdem Sie eine Weile gelaufen sind, sagen Sie: „Jetzt bleiben wir stehen. Kannst du den roten Kreis hochhalten, damit wir anhalten können?"

### Variation

Basteln Sie ein Stoppschild. Halten Sie dieses Schild hoch, wenn Sie anhalten wollen.

Was das Kind dabei lernt:
**Koordination**

# Karusselfahren mit dem Teddy

Diesen Kirmes-Reim in Bewegungen umzusetzen macht Spaß. Noch lustiger wird es, wenn das Kind seinen Teddy oder ein anderes Stofftier mit auf die Karussellfahrt nimmt.

## So geht es

▶ Sagen Sie dem Kind, dass es seinen Teddy in den Arm nehmen soll. Ermuntern Sie es dann, ihn hinauf- und hinunterfliegen zu lassen und sich mit ihm im Kreis zu drehen. Halten Sie sich dabei immer bereit, das Kind aufzufangen, falls es bei der letzen Verszeile umfällt.

**Heut gehn wir auf die Kirmes
und fahren Karussell.
Hoch und runter geht die Fahrt,** (Teddy hinauf- und hinunterfliegen lassen)
**rundherum und ganz schön schnell.** (sich im Kreis drehen)

▶ Wiederholen Sie den Reim mehrere Male, und sprechen Sie ihn dabei immer schneller.

... für 2-Jährige

Was das Kind dabei lernt:
## Hörfähigkeit

# Bär in der Höhle

Wenn das Kind dieses Spiel einmal begonnen hat, wird es nicht mehr aufhören wollen.

### So geht es

▶ Verwandeln Sie einen Tisch mit Hilfe eines großen Tischtuchs in eine Höhle. Bitten Sie das Kind, sich als Bär in die „Höhle" zu setzen.

▶ Sagen Sie dreimal: **„Bär in der Höhle."** Dabei wird Ihre Stimme jedes Mal ein wenig lauter.

▶ Rufen Sie dann: **„Bär aus der Höhle!"** Ihre laute Stimme ist das Signal für das Kind, aus seinem Versteck unter dem Tisch hervorzuspringen und wie ein Bär **„Grrrr"** zu machen.

▶ Der „Bär" kann auch im Sessel, hinter der Tür oder an anderen Orten hocken, bevor er von Ihrer lauten Stimme aufgeschreckt wird.

Was das Kind dabei lernt:
**zur Ruhe kommen**

# Gute Nacht, Teddy!

Mit einfachen spielerischen Übungen wie der folgenden können Kinder lernen, zur Ruhe zu kommen und sich zu entspannen.

## So geht es

▶ Singen Sie den folgenden kleinen Reim zu einer selbst erdachten Melodie:

Teddy liegt im Bettchen,
Teddy schläft gleich ein.
Nach so einem langen Tag
wird er wohl müde sein.

Kriech unter deine Decke
und mach die Augen zu.
Nun träume schön und schlafe
in süßer, sanfter Ruh.

▶ Das Kind legt sich mit seinem Teddy auf den Boden und tut so, als würde es schlafen, während Sie den beiden das Lied vorsingen. Singen Sie die letzten beiden Zeilen ganz leise.

▶ Nach ein paar Sekunden Stille sagen Sie mit normal lauter Stimme: „Guten Morgen! Aufwachen!"

▶ Ermuntern Sie das Kind, seine Arme zu recken und langsam wieder „wach" zu werden.

... für 2-Jährige

Was das Kind dabei lernt:
## Hörfähigkeit

*Spiele für 28 bis 30 Monate*

# Ein Einschlafgedicht

Neben Schlafliedern können auch Gedichte helfen, Kinder auf die ruhige Phase des Schlafens einzustimmen.

## So geht es

Dieses kleine Gedicht hat einen wiegenden Rhythmus – genau richtig für ein Einschlafgedicht:

> Schlafe, liebe Kleine,
> die Kirchturmuhr schlägt neune.
> Lange schon ist Schlafenszeit
> für alle Kinder weit und breit.
> Schlafe, liebe Kleine.

## Variation

Sie können das Gedicht auch mit Bewegungen und Geräuschen ausgestalten. Ahmen Sie neun Glockenschläge nach, gähnen Sie herzhaft, und legen Sie sich zum Schluss gemütlich zum Schlafen nieder. Versuchen Sie, das Kind ebenfalls zum Nachspielen zu ermuntern.

Kleine Spiele zum Großwerden ...

Was das Kind dabei lernt:
**Kreativität, Richtungshören**

# Kleines Schäfchenspiel

Der Vers vom Schäfer, dem seine Herde abhanden kommt, lässt sich sehr schön szenisch umsetzen.

## So geht es

▶ Sprechen Sie dem Kind folgenden Schäfervers vor:

Schäfer, lieber Schäfersmann, wo sind deine Schafe?
Sie laufen weg, sie laufen weg, wenn ich abends schlafe.
Gräm dich nicht, gräm dich nicht, sie sind bald wieder da
und machen lauthals „Määh!", der Schäfer ruft: „Hurra!"

▶ Wiederholen Sie den Vers einige Male.

▶ Schlüpfen Sie mit dem Kind in die Rolle der Schafe, und setzen Sie den Vers szenisch um.

▶ Spielen Sie Verstecken. Schlüpfen Sie hinter eine Tür, oder kauern Sie sich hinter einen Stuhl, und sagen Sie: „Määäh, määäh." Das Kind folgt dem Geräusch und versucht, Sie zu finden.

### Variation

Legen Sie einen Schuhkarton auf den Boden, und zeigen Sie dem Kind, wie es herüberspringen kann. Spielen Sie, dass Sie die heimkommenden Schafe sind. Hüpfen Sie dabei über den Schuhkarton, mähen Sie, und laufen Sie durch den Raum.

... für 2-Jährige

Was das Kind dabei lernt:
### Körperbewusstsein

*Spiele für 28 bis 30 Monate*

# Klatschen, stampfen, wackeln

Das Kind bekommt ein besseres Körperbewusstsein, wenn Sie ihm viele Anreize bieten, seine Bewegungsmöglichkeiten auszuprobieren.

### So geht es

▶ Machen Sie dem Kind all die verschiedenen Bewegungen vor, die es in seinem Alter umsetzen kann, zum Beispiel in die Hände klatschen, mit den Füßen stampfen, die Hüften schwenken, mit dem Kopf nicken, mit den Fingern wackeln und die Knie beugen.

▶ Ermuntern Sie das Kind zum Mitmachen, und singen Sie ein passendes Lied dazu:

Klatsche in die Händchen,
klatsch, klatsch, klatsch.
Klatsche in die Händchen,
klatsch, klatsch, klatsch.

Stampfe mit den Füßchen …
Wackle mit den Fingern …
Nicke mit dem Köpfchen …

Was das Kind dabei lernt:
**Spaß haben**

# Ein Schaukelspiel

Bei diesem Spiel kann das Kind die beruhigende Bewegung genießen und sich entspannen. Der Vers weckt Bilder vor dem inneren Auge des Kindes.

## So geht es

▶ Nehmen Sie das Kind auf den Arm. Singen Sie das Gedicht zu einer selbst erdachten Melodie, oder sagen Sie es auf. Schaukeln Sie dabei das Kind sanft hin und her. Nehmen Sie das Kind fest in den Arm, wenn Sie die letzte Zeile sprechen.

Schaukle mich über das Wasser,
schaukle mich über das Meer,
schaukle mich über den Gartenzaun,
ich mag das Schaukeln so sehr.

Schaukle mich über die Bäume,
schaukle mich von dort nach hier,
schaukle mich über den Gartenzaun
und zurück zu dir.

### Variation

Statt das Kind in den Armen zu wiegen, können Sie es auch auf eine Schaukel setzen und immer wieder anschubsen.

... für 2-Jährige

Was das Kind dabei lernt:
## Koordination

*Spiele für 28 bis 30 Monate*

# Zapple mit den Armen

Kinder lieben lustige Spiele, bei denen sie ihren Bewegungsdrang ausleben können.

### So geht es

▶ Singen Sie diese Verse auf eine selbsterfundene Melodie, und machen Sie die passenden Bewegungen dazu. Ermuntern Sie das Kind mitzumachen.

Zapple mit den Armen,
kannst du das?
Zapple mit den Armen,
kannst du das?
Zapple, zapple, zapple,
klar kannst du das.

Zapple mit den Beinen,
kannst du das?
Zapple mit den Beinen,
kannst du das?
Zapple, zapple, zapple,
klar kannst du das.

▶ Beziehen Sie auch andere Körperteile in dieses Lied ein.

Stampfe mit den Füßen ...
Wackle mit dem Köpfchen ...

*Kleine Spiele zum Großwerden ...*

Was das Kind dabei lernt:
## Koordination

# Alle meine Entchen

Das Tolle an Bewegungsspielen ist, dass sich damit beide Bereiche des Gehirns gleichzeitig aktivieren lassen. Insbesondere bei der Kombination von Sprache und Bewegung sind beide Hirnhälften gefordert.

### So geht es

Singen Sie das alte Kinderlied „Alle meine Entchen", und machen Sie dazu die passenden Handbewegungen.

**Alle meine Entchen** (formen Sie einen Entenschnabel mit Ihren Handflächen)
**schwimmen auf dem See,** (legen Sie die Arme an und paddeln Sie mit den Händen)
**schwimmen auf dem See,**
**Köpfchen in das Wasser,** (legen Sie die Hände vor dem Kopf zusammen und machen Sie eine Tauchbewegung)
**Schwänzchen in die Höh'.** (legen Sie die Hände hinter den Rücken und wackeln Sie damit wie mit einem Schwanz)

... für 2-Jährige

Was das Kind dabei lernt:
## Koordination

# Fünf Äffchen

Mit Fingern kann man nicht nur greifen, sie eignen sich auch sehr gut als Fingerpuppen. Dazu müssen Sie einfach nur Gesichter daraufmalen.

### So geht es

▶ Nehmen Sie Filzstifte. Malen Sie auf jeden Ihrer Finger zwei Augen, eine Nase und einen Mund.

▶ Sagen Sie das Gedicht von den fünf Äffchen auf, und bewegen Sie Ihre Finger dazu.

**Fünf Äffchen tobten im Sonnenschein,** (mit fünf Fingern zappeln)
**Eines fiel hin und stieß sich das Bein.** (einen Finger hochhalten, das Bein reiben)
**Mama rief den Doktor, der sprach: „Nein, nein, nein.** (gedachten Hörer ans Ohr halten)
**Hört auf zu toben, lasst das sein!"** (warnend den Kopf schütteln)

▶ Wenn das Kind es möchte, können Sie auch die Finger des Kindes bemalen und es ermuntern, mitzumachen.

Was das Kind dabei lernt:
## Hörfähigkeit

# Das ist der Daumen

An diesem einfachen Fingerspiel haben Kinder seit Generationen ihren Spaß.

## So geht es

Sagen Sie das Gedicht auf, und wackeln Sie bei jeder Zeile mit dem richtigen Finger.

**Das ist der Daumen,** (mit dem Daumen wackeln)
**der schüttelt die Pflaumen,** (mit dem Zeigefinger wackeln)
**der hebt sie auf,** (mit dem Mittelfinger wackeln)
**der trägt sie nach Haus** (mit dem Ringfinger wackeln)
**und der Kleine, der isst sie alle auf.** (mit dem Zeigefinger wackeln)

Sie können auch die Namen von Freunden und Verwandten einsetzen oder auch Tiernamen verwenden.

## Tipp

Falls gerade Pflaumenzeit ist, lassen Sie das Kind süße, saftige Pflaumen probieren. Sie können auch Butterbrote mit Pflaumenmus oder ein Stück Pflaumenkuchen essen.

*Was das Kind dabei lernt:*
## sprachliche Fähigkeiten

# Eisenbahn spielen

Gesänge mit dem Ruf-Antwort-Prinzip sind ideal für die Förderung sprachlicher Fähigkeiten.

### So geht es

▶ Singen Sie den folgenden Vers auf eine selbsterfundene Melodie. Das Kind antwortet dabei mit immer mit denselben Worten: „Oh, ja." Anfangs sollten Sie diese Worte vielleicht mit dem Kind gemeinsam sagen.

Tschu, tschu, ist das die Eisenbahn?
Oh, ja. Oh, ja.
Tschu, tschu, fährt sie so schnell sie kann?
Oh, ja. Oh, ja.
Tschu, tschu, jetzt fährt sie in den Flur.
Oh, ja. Oh, ja.
Tschu, tschu, jetzt geht es durch die Tür.
Oh, ja. Oh, ja.

▶ Fahren Sie schnaufend durch die Wohnung oder Ihre Einrichtung, bis das Kind das Interesse an dem Spiel verliert.

Was das Kind dabei lernt:
**Sinn für Humor**

# Kleines Spiel zum Neinsagen

Das Wort „Nein" ist bei 2-jährigen Kindern ein unumstrittener Favorit. Sie unterstreichen damit ihre Eigenständigkeit und machen den Erwachsenen klar, dass sie einen eigenen Kopf haben. Mit diesem Spiel können Sie so manche angespannte Situation entschärfen, wenn das Kind auf seinem „Nein" beharrt.

## So geht es

▶ Schütteln Sie bei jedem „Nein" den Kopf. Das Kind wird bald in Ihr Neinsagen einstimmen.

Nein, nein, nein,
ich sag so gerne:
Nein, nein, nein.
Ich sag so gerne:
Nein, nein, nein, nein,
nein, nein, nein.
Ich sag so gerne: Nein.

▶ Wechseln Sie in die Rolle des Jasagers, sagen Sie jeweils anstelle des „Neins" ein „Ja". Nicken Sie dabei bei jedem „Ja" mit dem Kopf.

... für 2-Jährige

Was das Kind dabei lernt:
**Denkfähigkeiten, sprachliche Fähigkeiten**

*Spiele für 28 bis 30 Monate*

# Bären essen Honig

Mit folgendem kleinen Tierreim fördern Sie nicht nur die sprachlichen Fähigkeiten des Kindes. Er eignet sich auch wunderbar als Gesprächsanlass.

## So geht es

▶ Sprechen Sie den kleinen Vers. Ermuntern Sie das Kind, ihn mitzusprechen.

Bären essen Honig, wenn sie hungrig sind,
und was isst du, mein liebes Kind?

▶ Unterhalten Sie sich mit dem Kind über Sachen, die Sie zum Frühstück, Mittag- oder Abendessen essen.

▶ Wandeln Sie den Reim nun etwas ab:

Brot mit Butter isst mein Kind.
Bären essen Honig, wenn sie hungrig sind.

▶ Sprechen Sie über Tiere und ihre Essgewohnheiten, und variieren Sie die erste Zeile des Reimes. Beispiele:

Hunde essen Knochen, wenn sie hungrig sind …
Hasen essen Möhren …
Affen essen Bananen …
Babys essen Obstbrei …

Was das Kind dabei lernt:
## sprachliche Fähigkeiten

# Die Drachendame Kunigund

Die Geschichte von der Drachendame Kunigund macht einfach Spaß.

## So geht es

▶ Sprechen Sie dem Kind das Gedicht vor. Sie können es dabei mit Tauch- und Schwimmbewegungen sowie erfolglosen Schnappversuchen ausschmücken.

Die Drachendame Kunigund,
die lebt im weiten Meer.
Sie taucht hinunter auf den Grund
und schwimmt gern hin und her.

Sie schnappt nach Floh und Schneckentier,
sie schnappt nach Frosch und Fliegen.
Sie schnappt auch gern nach dir und mir,
kann keinen von uns kriegen.

Sie fängt den Floh, das Schneckentier,
sie fängt den Frosch, die Fliegen.
Und wie ist es mit dir und mir?
Nein, uns kann sie nicht kriegen.

▶ Ermuntern Sie das Kind, die Geschichte ebenfalls durch passende Gesten zu begleiten.

... für 2-Jährige

Kleine Spiele zum Großwerden für 2-Jährige

# Spiele für 31 bis 33 Monate

Was das Kind dabei lernt:
### sprachliche Fähigkeiten

# Hanns Hansens Hans

Zungenbrecher sind noch zu schwierig für 2-jährige Kinder.
Sie hören es jedoch sehr gern, wenn andere sich daran
versuchen. Aber Zungenbrecher sind nicht nur lustig.
Sie fördern auch die sprachlichen Fähigkeiten der Kinder.
Bei dem folgenden Zungenbrecher wird die Aufmerksamkeit
auf den Laut „h" gelenkt.

### So geht es

▶ Probieren Sie, dem Kind den folgenden Zungenbrecher
vorzusprechen:

Hansen Hansens Hans hackte Holz.
Hätte Hansens Hannchen
Hansen Hansens Hans Holz hacken hören,
hätte Hansens Hannchen
Hansen Hansens Hans Holz hacken helfen.

### Hinweis

Betonen Sie den Anfangslaut, wenn Sie den
Zungenbrecher aufsagen.
Sie werden bald hören, dass das Kind
versucht, ihn nachzusprechen.

Was das Kind dabei lernt:
**Spaß haben, Selbstständigkeit**

# Ein Schuh aus, ein Schuh an

Das Kind liebt es, Dinge selbstständig zu tun, zum Beispiel auch, sich alleine an- und auszuziehen.

## So geht es

▶ Sprechen Sie dem Kind diesen Vers vor:

Diddel diddel dingdong,
mein Sohn Jan (auf einem Fuß hüpfen)
ging ins Bett mit Strümpfen an.
Ein Schuh aus, (auf einen Fuß zeigen)
ein Schuh an, (auf den anderen Fuß zeigen)
diddel diddel dingdong,
mein Sohn Jan. (auf einem Fuß hüpfen)

▶ Ziehen Sie dem Kind einen Schuh an. Wiederholen Sie den Vers, und zeigen Sie dabei auf den Fuß mit und auf den Fuß ohne Schuh.

▶ Ziehen Sie dem Kind auch den zweiten Schuh an. Ermuntern Sie es dazu, sich bei den Worten „ein Schuh aus" einen Schuh auszuziehen. Am besten öffnen Sie schon einen Schuh und helfen ihm so viel wie nötig.

... für 2-Jährige

Was das Kind dabei lernt:
**Spaß haben, Beziehungen aufbauen**

# Ein Kitzelreim

Das Kitzeln am Ende dieses Fingerspiels ist eine recht anspruchsvolle feinmotorische Übung für ein 2-jähriges Kind.

## So geht es

▶ Sprechen Sie den folgenden Reim, und setzen Sie dazu die vorgeschlagenen Bewegungen um.

**Kommt ein Mäuschen,**
**baut ein Häuschen.** (Beginnen Sie an einer Hand des Kindes, mit Ihren Fingern an seinem Arm hinauf bis zum Kopf zu wandern. Machen Sie dort eine kleine Pause.)
**Kommt ein Mückchen,**
**baut ein Brückchen.** (Wandern Sie mit Ihren Fingern vom Kopf abwärts am anderen Arm bis zur Hand hinunter, und machen Sie auf der Handfläche eine Pause.)
**Kommt ein Floh,**
der macht – so! (Zappeln Sie mit Ihrer Hand in der Luft.)

Bei „so" landen Sie mit der Hand irgendwo auf dem Kind und kitzeln es, z.B. auf dem Bauch, auf einem Bein, auf dem Kopf etc. Der Überraschungsmoment sorgt erfahrungsgemäß für vergnügtes Kreischen.

▶ Wechseln Sie die Rollen, und lassen Sie das Kind an Ihren Armen hinauf- und hinunterwandern.

Was das Kind dabei lernt:
## sich erinnern

# Eins, zwei, drei – singen!

Singen ist etwas Wunderbares. Kinder lernen Lieder sehr schnell, und kennen meistens mehr Lieder, als man vermutet.

## So geht es

▶ Unterhalten Sie sich mit dem Kind über Lieder, die es kennt.

▶ Üben Sie zwei oder drei Lieder gemeinsam. Erklären Sie dem Kind, dass Sie diese Lieder singen werden, wenn Sie nach draußen gehen.

▶ Wenn Sie das nächste Mal mit dem Kind nach draußen gehen, erinnern Sie es an die Lieder, die Sie gemeinsam eingeübt haben. Geben Sie das Startsignal: „Eins, zwei, drei – singen!" und trällern Sie los.

... für 2-Jährige

Was das Kind dabei lernt:
### Kreativität

*Spiele für 31 bis 33 Monate*

# Lustiger Tanz mit Stickerfiguren

2-Jährige lieben Aufkleber aller Art. Ein Spiel, bei dem Aufkleber im Mittelpunkt stehen, weckt also bestimmt ihr Interesse.

### So geht es

▶ Basteln Sie zwei Stickerfiguren: Nehmen Sie zwei Holzlöffel oder etwas Ähnliches, und kleben Sie jeweils an einem Ende einen Sticker auf. Wenn Sie Sticker verwenden, die Gesichter abbilden, sehen die Stickerfiguren besonders gelungen aus.

▶ Nehmen Sie in jede Hand eine Stickerfigur. Verstecken Sie die Hände hinter Ihrem Rücken.

▶ Holen Sie eine Hand hervor, und lassen Sie Ihre Stickerfigur tanzen, während Sie dazu ein beliebtes Kinderlied singen.

▶ Fragen Sie das Kind: „Möchtest du die andere Stickerfigur sehen?" Holen Sie die andere Hand hervor, und lassen Sie sie ebenfalls tanzen. Singen Sie ein anderes Lied als beim ersten Durchgang.

▶ Geben Sie dem Kind die Stickerfiguren, und lassen Sie es selbst versuchen, sie zu einem Lied tanzen zu lassen.

Was das Kind dabei lernt:
**Natur wahrnehmen**

# Regenlieder

## So geht es

Ziehen Sie sich an einem regnerischen Tag Ihre Regensachen über, und gehen Sie gemeinsam nach draußen. Singen Sie Regenlieder, oder sagen Sie Regengedichte auf. Beispiele:

Es regnet ohne Unterlass,
es regnet immerzu.
Die Schmetterlinge werden nass,
die Blumen gehen zu.
Rosaroter Falter, setz dich her zu mir.
Aber deinem Brüderlein schließ ich zu die Tür.

Es regnet, es regnet, es regnet seinen Lauf,
und wenn's genug geregnet hat,
dann hört's auch wieder auf.

Regen, Regentröpfchen,
regnen auf mein Köpfchen,
regnen in das grüne Gras,
meine Füße werden nass.

Es regnet, es regnet,
der Kuckuck wird nass.
Wir sitzen im Trocknen,
was schadet uns das?

## Internettipp

Unter **www.kinderreimeseite.de** finden Sie weitere Regenreime und auch Regenlieder.

... für 2-Jährige

Was das Kind dabei lernt:
## sprachliche Fähigkeiten

*Spiele für 31 bis 33 Monate*

# Und wo wohnst du?

Kleine Kinder nehmen Informationen leichter auf, wenn sie mit einem eingängigen Vers und mit Bewegungen verknüpft sind. Mit dem folgenden Reim können Sie dem Kind Straßennamen und Adressen nahebringen.

### So geht es

Stellen Sie sich dem Kind gegenüber, und nehmen Sie seine Hände in Ihre. Gehen Sie zusammen im Kreis, während Sie den folgenden Reim sagen:

Der Vogel wohnt in seinem Nest,
der Holzwurm, der wohnt im Geäst,
im Stall, da wohnt die Kuh,
und wo, mein Kind, wohnst du?

Bei der Antwort auf die Frage bleiben Sie stehen und sagen beispielsweise: „**Du wohnst in der Seestraße 5.**"

### Tipp

Sie können auch Informationen über andere Tiere oder auch andere Leute und ihre „Wohnorte" in den Vers einflechten.

Was das Kind dabei lernt:
**Denkfähigkeiten, Tiere wahrnehmen**

# Schläfst du noch?

Dieses Spiel ist ideal, wenn Sie dem Kind etwas über Tiere beibringen wollen.

## So geht es

▶ Passen Sie den Liedtext von „Bruder Jakob" so an, dass Tiere und ihre Schlafplätze darin vorkommen. Beispiele:

Vögel schlafen, Vögel schlafen
auf dem Baum, auf dem Baum,
bis die Sonn' sie aufweckt,
bis die Sonn' sie aufweckt
früh am Tag.

Kühe schlafen, Kühe schlafen
auf dem Gras, auf dem Gras ...

Enten schlafen, Enten schlafen
in 'nem Teich, in 'nem Teich ...

Fische schlafen, Fische schlafen
in 'nem See, in 'nem See ...

▶ Sprechen Sie mit dem Kind darüber, wo Menschen schlafen und warum Tiere andere Schlafplätze haben.

### Internettipp

Falls Sie „Bruder Jakob" nicht kennen, können Sie sich dieses Lied unter **www.ingeb.org** anhören.

... für 2-Jährige

Was das Kind dabei lernt:
### seine Stimme bewusst einsetzen

# Das Flüsterspiel

2-jährige Kinder experimentieren gerne mit ihrer Stimme und sind fasziniert von Flüstergeräuschen.

## So geht es

▶ Sagen Sie mit normaler Stimme zu dem Kind: „Ich hab dich lieb." Dann sagen Sie dasselbe im Flüsterton.

▶ Ermuntern Sie das Kind, „Ich hab dich lieb" zu flüstern. (Vielleicht braucht das Kind etwas Zeit, bis ihm dies gelingt, aber mit ein wenig Übung wird es bald flüstern können.)

▶ Stellen Sie eine geflüsterte Frage, z.B.: „Wie macht eine Kuh?", „Wie macht eine Ente?" Ermuntern Sie das Kind, seine Antwort zu flüstern. Wenn es mit seiner normalen Stimme antwortet, wiederholen Sie seine Antworten im Flüsterton.

## Hinweis

Beachten Sie, dass beim Flüstern die Stimmbänder stärker beansprucht werden als beim normalen Sprechen. Deshalb sollten Sie Flüsterspiele nur sehr selten spielen und dafür sorgen, dass das Kind zwischendurch etwas trinkt.

Was das Kind dabei lernt:
**Vorläuferkompetenzen zum Lesen**

# Bildergeschichten

Bildergeschichten zeigen Kindern, wie Lesen funktioniert. Sie können dabei zum Beispiel etwas über die Leserichtung erfahren: von links nach recht und von oben nach unten.

## So geht es

▶ Überlegen Sie sich eine Geschichte über etwas, dass das Kind gerne macht. Beginnen Sie mit einer kurzen Geschichte, die nicht mehr als zwei oder drei Sätze umfasst.

▶ Schneiden Sie passende Bilder aus Zeitschriften, Ausmalbüchern oder Katalogen aus, oder malen Sie sie selbst. Nehmen Sie zunächst nur ein oder zwei Bilder für eine Geschichte.

▶ Erklären Sie dem Kind, was auf den Bildern zu sehen ist, und erzählen Sie Ihre Geschichte. Bei einem Bild mit einem Hund und einem Ball könnte die Geschichte beispielsweise so lauten:

> Es war einmal ein kleiner Junge, der hieß Tim. Er hatte einen Hund, der hieß Benny. Sie gingen nach draußen und spielten mit einem Ball.

▶ Schreiben Sie die Geschichte auf, und kleben Sie die Bilder vom Hund und dem Ball an die Textstellen, an denen die entsprechenden Wörter vorkommen.

▶ Lesen Sie dem Kind die Geschichte vor. Zeigen Sie dabei auf jedes einzelne Wort.

... für 2-Jährige

Was das Kind dabei lernt:
**Hörverständnis**

*Spiele für 31 bis 33 Monate*

# Der Lebkuchenmann

Die Geschichte vom Lebkuchenmann kann wunderbar als kleines Bewegungsspiel gestaltet werden. Gerade in der Weihnachtszeit werden Kinder großen Gefallen daran finden.

## So geht es

▶ Erzählen Sie dem Kind die Geschichte vom Lebkuchenmann. 2-Jährige können sich nicht lange konzentrieren, daher sollten Sie die Geschichte möglichst kurz zusammenfassen.

Es war einmal ein Lebkuchenmann. Laufen war das, was ihm am meisten Spaß machte. Nach dem Frühstück sagte er immer: „Ich lauf und lauf, so schnell ich kann. Du fängst mich nicht, ich bin der Lebkuchenmann." Während Sie „Ich lauf und lauf" sagen, nehmen Sie das Kind an die Hand und laufen mit ihm im Kreis.

▶ Variieren Sie den Spruch des Lebkuchenmanns mit anderen Situationen. Fügen Sie immer nur ungefähr zwei Sätze hinzu. Beispiel:

Der Lebkuchenmann besuchte seine Großmutter. Als er dort ankam, sagte er: „Ich lauf und lauf, so schnell ich kann. Du fängst mich nicht, ich bin der Lebkuchenmann."

▶ Ermuntern Sie das Kind immer wieder, bei den Worten „**Ich lauf und lauf**" loszulaufen. Es wird das Prinzip sicher bald verstehen und ohne Aufforderung umsetzen.

Was das Kind dabei lernt:
**sprachliche Fähigkeiten**

# Selbstgemachtes Autobüchlein

Mit diesem kleinen Spiel können Sie den Wortschatz des Kindes zu ausgewählten Themenfeldern erweitern und festigen.

## So geht es

▶ Sehen Sie sich in Zeitschriften und Katalogen nach Fotos um, die Autos zeigen: Autos auf der Straße, auf der Autobahn, in einem Autosalon, vor einer Garage usw.

▶ Schneiden Sie die Bilder aus, und kleben Sie sie auf festes Papier. Klammern Sie die Blätter mit Heftklammern zusammen.

▶ Geben Sie dem Kind das Büchlein, und ermuntern Sie es, darin zu blättern. Stellen Sie ihm dabei Fragen, zum Beispiel:

- Siehst du in deinem Buch ein rotes Auto?
- Siehst du ein Auto in einer Straße?
- Hat das Auto Räder?
- Siehst du ein Auto, das lustig aussieht?

▶ Basteln Sie weitere Büchlein zu anderen Themen.

Was das Kind dabei lernt:
**Empathie**

*Spiele für 31 bis 33 Monate*

# Glückliche Tiere, traurige Tiere

Hunde sind die Lieblingstiere vieler Kinder. Bestimmt hat das Kind großen Spaß daran, bei dem folgenden Spiel Ihre Lautäußerungen nachzuahmen.

## So geht es

▶ Fragen Sie das Kind: „Was kann man machen, damit sich ein Hund freut und glücklich ist?" Die Antwort könnte lauten: mit einem frischen Knochen, wenn man ihn streichelt, wenn man mit ihm spielt etc.

▶ Versuchen Sie, glücklich zu bellen.

▶ Fragen Sie das Kind: „Was könnte einen Hund sehr traurig machen?" Hier könnte man antworten: wenn niemand mit ihm spielt, wenn er seinen Knochen nicht wiederfindet etc.

▶ Fragen Sie das Kind, wie ein trauriger Hund klingen könnte. Versuchen Sie, zu bellen und dabei traurig zu klingen.

▶ Variieren Sie dieses Spiel mit anderen Tieren.

*Kleine Spiele zum Großwerden ...*

Was das Kind dabei lernt:
**Empathie**

# Traurig oder froh?

Das Kind kann in diesem Alter bereits die Gefühlsäußerungen anderer deuten, und zeigt dafür auch allmählich ein größeres Interesse.

## So geht es

▶ Sehen Sie sich mit dem Kind zusammen Fotos von Menschen in Zeitschriften an. Sprechen Sie mit ihm über verschiedene Gesichtsausdrücke, und machen Sie das Kind auf frohe und traurige Gesichter aufmerksam.

▶ Machen Sie selbst erst ein frohes und anschließend ein trauriges Gesicht. Ermuntern Sie das Kind, es ebenfalls zu versuchen.

▶ Erzählen Sie dem Kind von Dingen, die Sie glücklich machen:

- Wenn ich dich in den Arm nehme, macht mich das glücklich.
- Wenn wir zusammen spielen, macht mich das glücklich.

▶ Erzählen Sie ihm von Dingen, die Sie traurig machen:

- Wenn ein Spielzeug kaputt ist, macht mich das traurig.
- Wenn du traurig bist, macht mich das traurig.

Was das Kind dabei lernt:
**Empathie**

# Löffelgesichter

Mit folgendem Spiel unterstützen Sie das wachsende Interesse des Kindes an den Gefühlen seiner Mitmenschen.

### So geht es

▶ Nehmen Sie einen kleinen Plastiklöffel, den das Kind ohne Probleme halten kann.

▶ Malen Sie mit einem Filzstift ein fröhliches Gesicht auf eine Seite des Löffels und ein trauriges auf die andere.

▶ Halten Sie das fröhliche Gesicht hoch. Sagen Sie: „Ich bin so froh.", und lachen Sie. Geben Sie den Löffel dem Kind, und bitten Sie es, die Worte mit Ihnen zu wiederholen.

▶ Unterhalten Sie sich über Sachen, die Sie sagen, wenn Sie glücklich sind. Sprechen Sie auch darüber, wie sich der Gesichtsausdruck verändert, je nachdem, ob man traurig oder glücklich ist.

*Spiele für 31 bis 33 Monate*

Was das Kind dabei lernt:
**beobachten**

# Gesichtsausdrücke

Sich für die Gefühle seiner Mitmenschen zu interessieren ist eine wichtige soziale Fähigkeit. Mit folgender Übung richten Sie die Aufmerksamkeit des Kindes auf die Mimik und so auch die Befindlichkeiten anderer Menschen.

## So geht es

▶ Suchen Sie in Zeitschriften nach Fotos, die verschiedene Gesichtsausdrücke zeigen. Suchen Sie nach glücklichen, traurigen, albernen oder wütenden Gesichtern. Schneiden Sie die Fotos aus, und zeigen Sie sie dem Kind.

▶ Betrachten Sie die Fotos nacheinander. Versuchen Sie dabei, jeden Gesichtsausdruck der abgebildeten Gesichter nachzuahmen. Ermuntern Sie das Kind, es ebenfalls zu versuchen.

▶ Nennen Sie dabei immer die Gefühlsregung, die das Kind gerade nachahmt. Sie können zum Beispiel sagen: „Guck mal ganz traurig wie die Frau auf dem Bild."

▶ Sprechen Sie mit dem Kind darüber, wann Leute traurig oder fröhlich oder wütend schauen.

▶ Wenn das Kind mit diesem Nachahmungsspiel besser vertraut ist, können Sie dieses Spiel ein wenig szenisch gestalten. Erzählen Sie dem Kind beispielsweise, dass der Teddy ganz fleißig war und für das Kind dessen Zimmer aufgeräumt hat, weil er das Kind so lieb hat. Sagen Sie dem Kind, es soll den Teddy dafür ganz freundlich anlächeln.

... für 2-Jährige

Was das Kind dabei lernt:
**Kreativität, sprachliche Fähigkeiten**

*Spiele für 31 bis 33 Monate*

# Ein Handschuhgespräch

Mit Fingerspielen können Sie immer wieder neue und auch lustige Sprachanreize für das Kind schaffen.

## So geht es

▶ Nehmen Sie einen Handschuh, bei dem es Ihnen nichts ausmacht, wenn Sie ihn bemalen.

▶ Malen Sie mit Filzstift Gesichter auf die Fingerspitzen, und geben Sie jedem Gesicht einen Namen. Sie können dabei beispielsweise Namen aus der Familie des Kindes oder Tiernamen benutzen.

▶ Ziehen Sie den Handschuh über. Machen Sie das Kind mit den fünf Herrschaften an Ihrer Hand bekannt, indem Sie ihm jeden einzelnen Finger vorstellen. Verstellen Sie bei jedem Finger ihre Stimme anders.

▶ Beginnen Sie über Ihre Finger ein Gespräch mit dem Kind.

### Tipp

Wenn Sie spielen, dass die Handschuhfiguren Tiere sind, können Sie das Lied „Onkel Jörg hat einen Bauernhof" singen.

### Internettipp

Auf der Seite **www.spiellieder.de** können Sie sich die Melodie des Liedes „Old Mac Donald Had a Farm" anhören. Den deutschen Text finden Sie hier: **www.kinderreimeseite.de**

*Kleine Spiele zum Großwerden ...*

Was das Kind dabei lernt:
**sprachliche Fähigkeiten**

# Ein Ich-Büchlein

Kinder haben eine besondere Vorliebe für Geschichten aus ihrer eigenen Babyzeit. Solche Anekdoten und Erzählungen geben ihnen das Gefühl, etwas ganz Besonderes zu sein.

## So geht es

▶ Sammeln Sie Fotos, Geburtstagskarten und Feriengrüße, selbst gemalte Bilder oder alle möglichen anderen Sachen.

▶ Betrachten Sie gemeinsam mit dem Kind die gesammelten Dinge, und sprechen Sie über die Erinnerungen, die damit verbunden sind.

▶ Besprechen Sie mit dem Kind, welche dieser Dinge es in die Sammlung aufnehmen möchte. Bewahren Sie alles in einem besonderen Karton oder einem Buch auf.

### Tipp

Sie können in die Sammlung auch noch weitere Dinge aufnehmen, zum Beispiel:

- ○ Zeitungsanzeigen mit den Lieblingsspeisen des Kindes.
- ○ Zeitungen, die an seinem Geburtstag erschienen sind.
- ○ Hand- und Fußabdrücke von Ihnen und dem Kind.
- ○ Lieblingsspielzeuge, aus denen das Kind „herausgewachsen" ist.

... für 2-Jährige

Was das Kind dabei lernt:
**Selbstwertgefühl, sprachliche Fähigkeiten**

*Spiele für 31 bis 33 Monate*

# Geschichtenzeit

Will das Kind immer wieder dieselbe Geschichte hören? Und denken Sie: „Oh nein, nicht schon wieder dieselbe Gutenachtgeschichte!" Ein Buch immer und immer wieder vorzulesen, schult jedoch das Erinnerungsvermögen des Kindes, und hilft ihm dabei, seinen Wortschatz zu erweitern.

## So geht es

▶ Wählen Sie ein Bilderbuch aus, das das Kind besonders gerne mag. Lesen Sie die Geschichte immer wieder vor, wenn sich die Gelegenheit dazu bietet.

▶ Das Kind wird das Buch schon bald selbst „lesen": Es betrachtet die Bilder und sagt die Texte aus dem Gedächtnis auf.

▶ Machen Sie beim Vorlesen Pausen, bevor Sie einen Satz zu Ende lesen. Lassen Sie das Kind die fehlenden Wörter ergänzen.

### Hinweis

Das Selbstwertgefühl eines Kindes steigt enorm, wenn es Ihnen beim Vorlesen helfen kann.

Was das Kind dabei lernt:
## sprachliche Fähigkeiten

# Satzbaustellen

Mit folgender Übung zu Zwei- und Dreiwortsätzen unterstützen Sie das Kind dabei, seinen Wortschatz zu erweitern. Außerdem trainiert es wichtige Vorläuferkompetenzen zum späteren Erwerb der Lesefähigkeit.

## So geht es

▶ Beginnen Sie mit einfachen Sätzen zu bekannten Themen wie Spielzeugen.

- Ich mag Bälle.
- Ich mag Bausteine.
- Ich mag … (Lassen Sie das Kind den Satz ergänzen.)

▶ Wiederholen Sie den letzten Satz, und ermuntern Sie das Kind dabei, ihn mit immer neuen Wörtern zu ergänzen.

▶ Sprechen Sie über andere Themen wie Familie, Freunde, Tiere, Speisen und Getränke etc. Behalten Sie aber den Satzanfang „Ich mag …" bei. Beispiel:

- Ich mag Spaghetti.
- Ich mag Äpfel.
- Ich mag …

▶ Fügen Sie beschreibende Adjektive hinzu, z.B. „Ich mag rote Bälle" oder „Ich mag große Bausteine."

Was das Kind dabei lernt:
## Vorläuferkompetenzen zum Lesen

*Spiele für 31 bis 33 Monate*

# Finde deinen Namen

Schon in diesem Alter kann ein Kind Fähigkeiten erwerben, die für den Leselernprozess wichtig sind. Die folgende Übung wird das Kind schon allein deshalb interessieren, weil sein Name dabei im Mittelpunkt steht.

## So geht es

▶ Schreiben Sie den Namen des Kindes in Druckbuchstaben auf mehrere Karteikarten. Verwenden Sie dabei für jede Karte einen andersfarbigen Stift. Verwenden Sie dabei Farben, die den Farben der Kleidungsstücke entsprechen, die das Kind an diesem Tag trägt.

▶ Verstecken Sie die Karten an verschiedene Stellen im Raum, zum Beispiel unter dem Sofa oder hinter der Tür. Achten Sie darauf, dass die Karten nicht ganz verborgen sind.

▶ Gehen Sie mit dem Kind durch den Raum, und suchen Sie mit ihm die Karten mit seinem Namen.

▶ Wenn Sie eine Karte entdeckt haben, zeigen Sie dem Kind die Karte mit dem farbig geschriebenen Namen. Sagen Sie „Guck mal, hier steht Jonas (Name des Kindes) drauf. Dein Name steht hier mit blauer Farbe geschrieben, weil du eine blaue Hose anhast."

▶ Gehen Sie dann zu der nächsten Karte und wiederholen Sie den Vorgang, indem Sie nun aber die Farbe mit einem anderen Kleidungsstück in Verbindung bringen.

*Kleine Spiele zum Großwerden ...*

Was das Kind dabei lernt:
**Natur wahrnehmen**

# Gesammelte Kunstwerke

Bei einem Spaziergang kann man viel Faszinierendes hören und sehen. Da 2-jährige Kinder sehr neugierig sind, möchten sie unterwegs am liebsten alles untersuchen: jedes Blatt, jeden Stock und jeden Stein.

## So geht es

▶ Gehen Sie mit dem Kind nach draußen. Sammeln Sie mit dem Kind gemeinsam Fundstücke. Nehmen Sie die Steine, Blätter und Stöcke mit, die dem Kind besonders gut gefallen.

▶ Gestalten Sie nach dem Spaziergang mit dem Kind ein Naturbild. Legen Sie Selbstklebefolie mit der Klebeseite nach oben auf einem Tisch aus, oder hängen Sie sie in Reichweite des Kindes an die Wand. Lassen Sie das Kind seine Fundstücke an die Folie kleben.

### Sicherheitstipp

Lassen Sie das Kind beim Sammeln der Naturschätze nicht aus den Augen. In diesem Alter stecken sich Kinder immer mal wieder etwas in den Mund, das sie interessant finden. Besprechen Sie vorher noch einmal mit den Kindern, dass es auch giftige Naturschätze gibt.

Was das Kind dabei lernt:
## Körperbewusstsein, Natur wahrnehmen

*Spiele für 31 bis 33 Monate*

# Wie groß ist die Sonnenblume?

Da Sonnenblumen manchmal bis zu drei Meter hoch wachsen und dabei oft 15 cm pro Woche größer werden, sind sie für das folgende Spiel bestens geeignet.

### So geht es

▶ Befestigen Sie eine etwa 2 Meter lange Papierbahn senkrecht an einer Wand. Der untere Rand des Bodens sollte sich möglichst nah am Boden befinden.

▶ Pflanzen Sie Sonnenblumensamen, und gießen Sie sie nach Bedarf. Beobachten Sie gemeinsam mit dem Kind das Wachstum der Sonnenblume. Stellen Sie dazu die Sonnenblume jede Woche neben den Papierbogen auf den Boden, und zeichnen Sie die Größe auf dem Papier an.

▶ Markieren Sie auch die Größe des Kindes mit einem andersfarbigen Stift auf dem Papier. Machen Sie einen Größenvergleich zwischen Kind und Sonnenblume.

▶ Ermuntern Sie das Kind in der nächsten Woche, die Größe der Sonnenblume mit einem Bild oder einem Zeichen auf dem Papier zu markieren.

▶ Messen Sie Kind und Blumen nach ein paar Wochen noch einmal. Wenn Sie auf dem Papier festhalten, wie groß die Blume bei jeder Messung ist, kann das Kind sehen, dass die Pflanze tatsächlich wächst.

▶ Vergleichen Sie auch, um wie viel das Kind in derselben Zeit gewachsen ist.

Was das Kind dabei lernt:
# beobachten

# Frühlingsentdeckungen

Die ersten Vorboten des Frühlings sind immer spannend zu beobachten. Nutzen Sie die Frühlingszeit, um die vielen Veränderungen in der Natur bei einem Spaziergang genau zu betrachten.

## So geht es

▶ Gehen Sie mit dem Kind nach draußen, und unternehmen Sie einen kleinen Frühlingsspaziergang. Halten Sie unterwegs nach Vorboten des Frühlings Ausschau.

▶ Machen Sie das Kind auch auf kleine Dinge aufmerksam, zum Beispiel auf einen Grashalm, der sich aus dem Boden hervorwagt, oder einen Vogel, der fröhlich zwitschert.

... für 2-Jährige

Was das Kind dabei lernt:
### beobachten

*Spiele für 31 bis 33 Monate*

# Viele bunte Flattertiere

Schmetterlinge sind durch die Farbgebung ihrer Flügel und ihre lebendigen Bewegungen ein besonderer Blickfang und laden zum Beobachten ein. Der Verwandlungsprozess von einer Raupe zum Schmetterling kann Kinder in Staunen versetzen.

## So geht es

▶ Schauen Sie sich gemeinsam mit dem Kind Bücher über Raupen und Schmetterling an, zum Beispiel „Die kleine Raupe Nimmersatt" von Eric Carle oder „Der Schmetterling" von Daniela Prusse. Sehen Sie sich auch gemeinsam Bilder von diesen Tieren in Zeitschriften an.

▶ Gehen Sie mit dem Kind nach draußen, und sehen Sie sich dort nach Raupen und Schmetterlingen um. Sprechen Sie dabei auch darüber, welche Farben verschiedene Schmetterlinge haben.

▶ Sprechen Sie mit dem Kind darüber, wie aus Raupen Schmetterlinge werden.

Was das Kind dabei lernt:
**Spaß haben**

# Sprinkler-Spiele im Sommer

Wenn das Kind gerne im und mit Wasser planscht, ist dieses Spiel genau das richtige. Spielen Sie es an einem warmen Sommertag im Freien.

## So geht es

▶ Ziehen Sie Badesachen oder andere Kleidung an, die nass werden darf. Stellen Sie einen Sprinkler an, am besten einen, der sich beim Sprühen um seine eigene Achse dreht.

▶ Erklären Sie dem Kind, dass sich der Wasserstrahl im Kreis dreht. Helfen Sie ihm zu erkennen, wann der Strahl in Ihre Richtung zielt.

▶ Strecken Sie dem Strahl zunächst einen Arm oder ein Bein entgegen, wenn er in Ihre Richtung sprüht. Lassen Sie immer mehr Körperteile nass werden. Ermuntern Sie das Kind zum Mitmachen.

▶ Versuchen Sie auch, den Wasserstrahl bei seinen Umdrehungen zu verfolgen und zu fangen.

▶ Bringen Sie einen Wasserschlauch ins Spiel. Stellen Sie die Düse so ein, dass der Wasserstrahl weich ist, damit sich das Kind nicht wehtut.

▶ Sorgen Sie für noch mehr Spaß, indem Sie Behälter bereitstellen, die das Kind mit Wasser füllen kann, zum Beispiel Eimer, Schüsseln, Becher etc. Fordern Sie das Kind auch dazu auf, mit dem Schlauch Bäume zu gießen, und spritzen Sie sich gegenseitig nass.

... für 2-Jährige

Was das Kind dabei lernt:
## Formen und Materialien wahrnehmen

*Spiele für 31 bis 33 Monate*

# Glatt oder rau?

Die meisten 2-jährigen Kinder sind sehr neugierig. Deshalb ist auch die Suche nach Steinen eine spannende Angelegenheit für sie.

## So geht es

▶ Gehen Sie mit dem Kind nach draußen, und machen Sie sich zusammen auf die Suche nach Steinen.

▶ Wenn Sie nach Hause oder zurück in Ihre Einrichtung kommen, können Sie mehrere Sachen mit den Steinen machen:

○ Waschen Sie die Steine ab. Geben Sie dem Kind dazu eine Schüssel mit Wasser und einen Schwamm.

○ Nehmen Sie jeden einzelnen Stein in die Hand und sprechen Sie mit dem Kind darüber, wie er sich anfühlt. Ist er glatt oder ist er rau?

○ Sortieren Sie die Steine nach unterschiedlichen Kriterien, zum Beispiel nach Größe, Farbe, Form oder Beschaffenheit der Oberfläche.

○ Sie können die Steine auch gemeinsam anmalen. Zum Beispiel könnten Sie einen großen, glatten, runden Stein als Marienkäfer gestalten. Verwenden Sie hierfür Temperafarben.

## Tipp

Heben Sie die Steinesammlung gut auf. So können Sie sie bei Gelegenheit wieder hervorholen und sich mit dem Kind an die gemeinsame Suche erinnern.

Was das Kind dabei lernt:
**Koordination, Kreativität**

# Förmchenkunstdruck

Ausstechförmchen für Kekse lassen sich gut für künstlerische Aktivitäten verwenden. Nach und nach ein Papier mit farbigen Formen zu bedecken, macht den meisten Kindern großen Spaß.

## So geht es

▶ Nehmen Sie einen Bogen Papier in DIN A3 und etwas Temperafarbe.

▶ Zeigen Sie dem Kind, wie man die Ausstechförmchen in die Farbe tunken und dann das Papier damit bedrucken kann.

▶ Sprechen Sie mit dem Kind über das entstandene Bild. Welche Formen sind zu erkennen (z.B. Kreise, Herzen etc.)? Welche Farben hat das Kind verwendet?

▶ Würdigen Sie das Bild des Kindes. Wählen Sie gemeinsam einen Ort aus, an dem das Bild aufgehängt wird.

### Sicherheitstipp

Ausstechförmchen sind bisweilen ziemlich scharfkantig. Lassen Sie das Kind nicht allein damit hantieren.

Was das Kind dabei lernt:
## sprachliche Fähigkeiten

*Spiele für 31 bis 33 Monate*

# Wattebauschbilder

Gemeinsames Basteln macht Spaß, festigt die Beziehung zwischen Ihnen und dem Kind und fördert auch seine sprachliche Entwicklung.

## So geht es

▶ Breiten Sie einen Bogen farbiges Tonpapier in DIN A3 auf einem Tisch aus. Legen Sie außerdem einen Beutel mit extragroßen Wattebäuschen sowie Klebstoff bereit.

▶ Tröpfeln Sie etwas Klebstoff auf einen der Wattebäusche und zeigen Sie dem Kind, wie es ihn auf das Papier kleben kann.

▶ Das Kind wird sehr stolz sein, wenn sein fertiges Kunstwerk von allen bewundert wird. Hängen Sie es daher an einem Ort auf, an dem das Kind es betrachten kann.

Was das Kind dabei lernt:
**Fantasie**

# Formenreiche Regenbilder

Wenn wieder einmal Regen angesagt ist, können Sie mit folgendem Spiel das Beste daraus machen.

## So geht es

▶ Gehen Sie mit dem Kind ins Freie, und legen Sie dort einen Bogen saugfähiges Einwickelpapier auf den Boden.

▶ Verteilen Sie kleine Kleckse Temperafarbe auf dem Papier.

▶ Warten Sie auf den Regen, und beobachten Sie, was er mit den Farbklecksen macht.

▶ Bringen Sie das Papier ins Haus, bevor der Regen die Farbe abgewaschen hat.

▶ Betrachten Sie zusammen mit dem Kind das Regenbild. Sprechen Sie über die verschiedenen Formen, die sich darauf erkennen lassen.

... für 2-Jährige

Was das Kind dabei lernt:
## Kreativität

*Spiele für 31 bis 33 Monate*

# Malst du mich?

Lassen Sie das Kind zusehen, wenn Sie malen oder zeichnen. Dadurch fördern Sie seine Kreativität. Es ist nicht wichtig, wie gut Ihre künstlerischen Fähigkeiten sind. Wichtig ist nur, dass Sie mit Enthusiasmus ans Werk gehen.

## So geht es

▶ Erklären Sie dem Kind, dass Sie zeichnen wollen: das Kind, ein Tier oder etwas anderes. Wenn Sie fertig sind, sprechen Sie gemeinsam über das Bild.

▶ Zeichnen Sie die Gesichtszüge des Kindes vorsichtig mit dem Finger nach. Benennen Sie Nase, Mund, Augen und die anderen Körperteile, die Sie in seinem Gesicht berühren.

▶ Zeichnen Sie diese Körperteile auf dem Papier nach, und nennen Sie dabei ihre Namen. Sagen Sie zum Beispiel: „Ich zeichne deine Augen." Ermuntern Sie das Kind, auf seine Augen zu zeigen. Sagen Sie: „Jetzt male ich deinen Mund." Kann das Kind zeigen, wo sein Mund ist?

▶ Geben Sie dem Kind Stift und Papier, und ermuntern Sie es zu zeichnen. Lassen Sie es frei entscheiden, was es zeichnen möchte.

Was das Kind dabei lernt:
**Zahlen erkennen**

# Bastelei mit Zahlen

Das Kind kann sich jetzt schon gut auf eine Aktivität konzentrieren, wenn sie interessant ist. Verbinden Sie doch das Lernen der ersten Ziffern mit einer kleinen Bastelaktivität.

## So geht es

▶ Setzen Sie sich mit dem Kind zusammen, und suchen Sie in Katalogen, Zeitschriften und Kalendern nach Zahlen. Am besten fangen Sie mit den Ziffern 1 und 2 an.

▶ Immer, wenn Sie eine 1 oder 2 sehen, zeigen Sie darauf und sagen das Zahlwort.

▶ Schneiden Sie möglichst viele Einsen und Zweien aus. Das Kind kann Ihnen anschließend helfen, sie auf ein Stück Tonpapier zu kleben. Vergessen Sie nicht, die Zahlwörter zu nennen, wenn Sie die Ziffern auf das Papier kleben.

▶ Hängen Sie Ihre Kollage gut sichtbar auf, sodass das Kind sie sich immer wieder ansehen kann.

... für 2-Jährige

Was das Kind dabei lernt:
Auge-Hand-Koordination, Kreativität

# Farbexperimente

*Spiele für 31 bis 33 Monate*

Ab dem zweiten Lebensjahr können Sie dem Kind schon Experimente mit Temperafarben zutrauen. Malübungen jeder Art können das Selbstbewusstsein eines Kindes enorm steigern.

## So geht es

▶ Basteln Sie einfache Pinsel aus Schaumstoffstückchen, die Sie in eine Wäscheklammer klemmen.

▶ Sammeln Sie draußen Blätter und Vogelfedern. Damit lässt sich ebenfalls gut malen und experimentieren.

▶ Legen Sie einen Bogen Papier und Farbe bereit. Lassen Sie das Kind mit den selbstgemachten Schaumstoffpinseln und den gesammelten Utensilien frei experimentieren.

▶ Wenn das Kind sein Bild anschließend aufhängen möchte, suchen Sie einen Ort in Augenhöhe des Kindes dafür aus.

Was das Kind dabei lernt:
# Koordination

# Gerollte Butterbrote

Mit folgendem Spiel trainiert das Kind nicht nur seine Koordinationsfähigkeit. Es bereitet sich auch eine kreative Brotzeit, die es anschließend sicher genussvoll verschmausen wird.

## So geht es

▶ Setzen Sie sich mit dem Kind an einen Tisch. Stellen Sie einen Teller oder ein Brettchen mit einer Scheibe Vollkorntoast vor sich und einen weiteren vor das Kind auf den Tisch.

▶ Stellen Sie Erdnussbutter, Fruchtgelee, Honig und andere Brotbeläge auf den Tisch, und legen Sie Besteck bereit.

▶ Zeigen Sie dem Kind, wie man die Brotscheiben mit einem Nudelholz flachdrücken kann. Lassen Sie es dann die Brote nach Belieben zubereiten. Es könnte sie zum Beispiel mit Erdnussbutter oder anderen Brotaufstrichen bestreichen.

▶ Machen Sie selbst auch ein Brot fertig, während das Kind mit seinem beschäftigt ist. So kann sich das Kind, wenn es möchte, an Ihnen orientieren.

▶ Helfen Sie dem Kind, die Brotscheibe aufzurollen. Schneiden Sie aus der Rolle drei oder vier Scheiben zu. Das Kind wird überrascht sein zu sehen, wie es im Innern der Butterbrotrolle aussieht.

▶ Essen Sie die Toaströllchen gemeinsam auf.

Was das Kind dabei lernt:
## Koordination

# Leckere Obstspießchen

Wenn das Kind mitbekommt, dass Sie Obst und Gemüse als etwas Leckeres und Erfreuliches beschreiben, entwickelt es selbst eine positive Haltung zu diesen Lebensmitteln.

## So geht es

▶ Wählen Sie Obst- und Gemüsesorten, die das Kind am liebsten mag und die sich gut aufspießen lassen, zum Beispiel Äpfel, Bananen, Birnen, Gurken, Möhren, Stangensellerie und Erdbeeren. Schneiden Sie das Obst und Gemüse in Stücke.

▶ Zeigen Sie dem Kind, wie man die Obst- und Gemüsestücke auf einen Schaschlikspieß oder einen langen Zahnstocher schiebt.

▶ Ermuntern Sie das Kind, die Stücke aufzuspießen. Nennen Sie dabei die Namen der Obst- und Gemüsesorten, die es auf seinen Spieß schiebt. Vergessen Sie nicht, etwas Positives zu jeder Sorte zu sagen, zum Beispiel: „Das ist ein Apfelstück. Äpfel schmecken süß und knackig."

### Hinweis

Achten Sie darauf, dass sich das Kind nicht an der Spitze der Spießchen wehtut. Zeigen Sie ihm, wie es die Obststücke einzeln wieder mit dem Finger vom Spieß schieben kann, um sie dann in den Mund zu stecken. Achten Sie darauf, dass es sich nicht den ganzen Spieß in den Mund steckt, wenn es das Obst essen möchte.

Was das Kind dabei lernt:
**Koordination**

# Kürbisschnitzereien

Muster in einen Kürbis zu schnitzen macht nicht nur Kindern Spaß.

## So geht es

▶ Besorgen Sie einen Kürbis, und zeigen Sie ihm dem Kind. Sprechen Sie mit dem Kind über das Aussehen des Kürbis'.

▶ Schnitzen Sie zusammen Gesichter oder andere Muster in einen Kürbis.

▶ Höhlen Sie den Kürbis aus, und legen Sie die Kürbiskerne beiseite.

▶ Waschen Sie die Kerne ab, und breiten Sie sie dann auf einem Backblech zum Trocknen aus. Lassen Sie das Kind dabei helfen.

▶ Backen Sie die Kürbiskerne etwa 20 Minuten lang bei etwa 150° C oder bis sie braun sind.

▶ Jetzt können Sie die kleinen Leckerbissen gemeinsam verspeisen.

### Sicherheitstipp

Lassen Sie das Kind beim Schnitzen nicht alleine, damit es sich nicht verletzt. Verwenden Sie ein relativ stumpfes Messer. Am besten probieren Sie vorher aus, ob sich das Kürbisfleisch damit bearbeiten lässt.

... für 2-Jährige

Was das Kind dabei lernt:
### Kreativität

*Spiele für 31 bis 33 Monate*

# Rudolph als Butterbrot

Wer kann schon einem Leckerbissen widerstehen, der als Rudolf, das rotnasige Rentier daherkommt? Es schmeckt und ist kinderleicht zu machen.

## So geht es

▶ Schneiden Sie aus einer Scheibe Brot zwei Dreiecke zu.

▶ Lassen Sie das Kind die Dreiecke mit Butter, Erdnussbutter, Frischkäse oder einem anderen Brotaufstrich bestreichen.

▶ Stecken Sie kleine Brezeln in den Brotaufstrich. Das ist Rudolfs Geweih.

▶ Für Augen, Nase und Mund können Sie Rosinen, Paprikastreifen, Oliven, halbierte Cherrytomaten (für Rudolfs rote Nase) oder Nüsse verwenden. Lassen Sie das Kind entscheiden, wie es das Gesicht gestalten will.

▶ Singen Sie das Lied von „Rudolph das kleine Rentier", wenn das Butterbrot fertig ist.

### Internettipp

Text und Melodie des Liedes „Rudolph das kleine Rentier" finden Sie unter: **www.adventskalender.net**

*Kleine Spiele zum Großwerden ...*

Was das Kind dabei lernt:
## sprachliche Fähigkeiten

# Allerlei Knabberei

Untersuchen Sie verschiedene Knabbereien doch einmal ganz genau. Dabei können Sie das Kind unterstützen, seinen Wortschatz um verschiedene Adjektive zu erweitern.

## So geht es

▶ Geben Sie Rosinen und kleine Brezeln in eine Schüssel.

▶ Nehmen Sie eine Rosine aus der Schüssel, und stecken Sie sich diese in den Mund. Reichen Sie dem Kind auch eine Rosine.

▶ Kauen Sie die Rosine, und bemerken Sie: „Weich und gummiartig."

▶ Nehmen Sie nun eine Brezel und machen Sie es wie mit der Rosine: Kauen Sie sie, und kommentieren Sie das Kauerlebnis mit Begriffen wie „hart" und „knusprig".

▶ Geben Sie dem Kind eine Rosine oder eine Brezel. Fragen Sie: „Ist das weich oder hart? Ist es gummiartig oder knusprig?"

▶ Ermuntern Sie das Kind, eine knusprige Brezel in den Mund zu stecken.

... für 2-Jährige

Was das Kind dabei lernt:
## sprachliche Fähigkeiten

*Spiele für 31 bis 33 Monate*

# Kleines Kochvergnügen

Die Sprachfähigkeiten des Kindes können Sie in nahezu jeder Situation fördern – sogar beim Kochen.

## So geht es

▶ Kaufen Sie Zutaten für eine leckere Gemüsesuppe ein, zum Beispiel Möhren, Zwiebeln, Tomaten, Hühnerbrühe und Sellerie oder andere frische Gemüsesorten.

▶ Lesen Sie dem Kind ein passendes Buch zu Ihrem Kochvorhaben vor, zum Beispiel „Leo Lausemaus will nicht essen" von Marco Campanella.

▶ Zeigen Sie dem Kind die gekauften Lebensmittel, und sprechen Sie darüber, wie diese heißen.

▶ Bereiten Sie die Suppe aus den gekauften Zutaten zu. Lassen Sie das Kind dabei helfen, und reden Sie mit ihm darüber, was Sie beide tun.

▶ Lassen Sie die Suppe köcheln, bis die Möhren weich sind, und schmecken Sie alles mit Kräutern und Gewürzen ab. Passieren Sie die Suppe dann durch ein Sieb, und servieren Sie sie mit gerösteten Brotscheiben.

Was das Kind dabei lernt:
**Fantasie**

# Die Bausteinstraße

2-jährige Kinder beschäftigen sich gern mit Bausteinen. Oft gehen Sie dabei mit großer Ausdauer und Genauigkeit zu Werke.

## So geht es

▶ Ermuntern Sie das Kind, aus Bausteinen eine lange Reihe zu legen. Erklären Sie ihm, dass die Spielzeugautos eine Straße durch den Raum brauchen.

▶ Holen Sie ein kleines Auto, und lassen Sie es auf der neuen Straße fahren. Das Kind wird es Ihnen bestimmt nachmachen wollen.

▶ Holen Sie noch mehr Spielzeugautos und -lastwagen dazu. Lassen Sie sie auf der Bausteinstraße entlangfahren. Machen Sie Hup- und Fahrgeräusche dazu, und rufen Sie: „Achtung, hier komme ich."

▶ Nehmen Sie weitere Bausteine, und stellen Sie diese aufrecht am Straßenrand auf. Das könnten Häuser und Geschäfte sein. Ermuntern Sie das Kind, Ihnen zu helfen.

Was das Kind dabei lernt:
## Problemlösungen finden

*Spiele für 31 bis 33 Monate*

# Welcher Deckel passt?

Da Kinder möglichst viele Dinge möglichst selbstständig tun möchten, wird das Kind sich sicher eifrig bemühen, dass „Kartonproblem" alleine zu lösen.

## So geht es

▶ Suchen Sie drei unterschiedlich große Kartons mit abnehmbaren Deckeln zusammen.

▶ Bekleben Sie die Kartons und Deckel mit Stickern. Verwenden Sie dazu drei unterschiedliche Stickerpaare. Achten Sie darauf, dass Sie auf zusammengehörigen Kartons und Deckel denselben Aufkleber anbringen.

▶ Verschließen Sie die Kartons mit den passenden Deckeln, und zeigen Sie sie dem Kind.

▶ Bitten Sie das Kind, die Deckel abzunehmen. Dann bitten Sie es, die Deckel wieder auf die Kartons zu setzen.

▶ Machen Sie das Kind auf die Sticker aufmerksam. Zeigen Sie ihm, dass Karton und Deckel identische Sticker haben und wiederholen Sie das Spiel.

### Hinweis

Vielleicht wird das Kind zunächst versuchen, einen Deckel auf einen Karton zu setzen, der nicht dazu passt. Geben Sie ihm Zeit, die passenden Kombinationen zu finden. Wenn es den richtigen Karton gefunden hat, loben Sie es.

*Kleine Spiele zum Großwerden ...*

Was das Kind dabei lernt:
## räumliches Vorstellungsvermögen

# Wohin mit dem Teddy?

Die Raumlage von Gegenständen zu begreifen ist ein wichtiger Schritt in der sprachlichen Entwicklung eines Kindes. Wörter wie „auf", „unter" oder „neben", die die Position eines Gegenstandes beschreiben, machen es Kindern möglich, Wörter und Ideen miteinander zu verknüpfen.

## So geht es

▶ Setzen Sie den Teddy des Kindes auf einen Stuhl, und sagen Sie: **„Der Teddy sitzt auf dem Stuhl."**

▶ Setzen Sie ihn unter den Stuhl. Sagen Sie: **„Der Teddy sitzt unter dem Stuhl."**

▶ Bitten Sie das Kind, den Teddy erst auf, dann unter den Stuhl zu setzen.

▶ Versuchen Sie es auch mit Anweisungen, zum Beispiel:

  ○ Setze den Teddy vor das Auto. (Stellen Sie ein Spielzeugauto auf den Boden.)
  ○ Setze den Teddy hinter das Auto.
  ○ Setze den Teddy neben den Tisch.

... für 2-Jährige

Was das Kind dabei lernt:
## Dinge einander zuordnen

*Spiele für 31 bis 33 Monate*

# Lustiges Aufräumen

Dieses Spiel schlägt wieder einmal zwei Fliegen mit einer Klappe: Es motiviert die Kinder, ihre Spielsachen aufzuräumen und fördert zugleich ihre Fähigkeit, Sachen zu sortieren und zuzuordnen.

## So geht es

▶ Wählen Sie eine Kategorie aus, z.B. Bausteine. Suchen Sie im ganzen Zimmer oder sogar im ganzen Haus nach Bausteinen. Sammeln Sie alle Bausteine in einem Behälter.

▶ Machen Sie es noch ein bisschen lustiger, indem Sie rufen: „Baustein, Baustein, wo bist du?" Und wenn Sie einen finden, sagen Sie: „Ach, da bist du ja."

▶ Lassen Sie das Kind versuchen, die Bausteine nach ihrer Größe in verschiedene Kisten zu sortieren. Nehmen Sie dazu einen Stein in die Hand, und lassen Sie das Kind nach einem gleich großen Stein suchen.

▶ Wenn Sie alle Bausteine sortiert und weggeräumt haben, sehen Sie sich nach einer anderen Spielzeugsorte um. Verfahren Sie mit dieser auf ähnliche Weise.

## Tipp

Sortieren Sie die Bausteine beim nächsten Mal nach Farben, und gestalten Sie so die Aufräumphase immer wieder interessant.

Was das Kind dabei lernt:
**Entscheidungen treffen, Selbstwertgefühl**

# Welche Verkleidung soll es sein?

Sich zu verkleiden und einmal in eine ganz andere Rolle zu schlüpfen, ist für Kinder ein riesiges Vergnügen. Dabei können Sie gleichzeitig ausprobieren, im spielerischen Rahmen Entscheidungen zu treffen.

## So geht es

▶ Legen Sie Sachen zum Verkleiden in eine Kiste. Schals, Tücher, Hüte, Mützen und Schmuck sind beispielsweise hervorragend zum Verkleiden geeignet.

▶ Machen Sie selbst den Anfang: Legen Sie sich ein Tuch um die Schultern, und setzen Sie sich einen Hut auf. Verstellen Sie Ihre Stimme so, dass Sie zu Ihrem neuen Erscheinungsbild passt.

▶ Lassen Sie das Kind anprobieren, was ihm in der Kiste am besten gefällt. Möglicherweise zieht es Sachen verkehrt herum an. Halten Sie sich mit Korrekturen zurück; ermuntern Sie das Kind und loben Sie seine Wahl.

### Hinweis

Machen Sie dem Kind Komplimente: Sagen Sie, dass es sich schöne Sachen ausgesucht hat, die ihm gut stehen. Das Kind bekommt somit das Gefühl, dass seine Ideen respektiert und geschätzt werden.

... für 2-Jährige

Was das Kind dabei lernt:
**Dinge einander zuordnen**

# Formen fühlen

Bausteine sind ein wunderbares Spielzeug für Kinder und ermöglichen auch so manche nützliche Lernerfahrung.

## So geht es

▶ Nehmen Sie Bausteine in unterschiedlichen Formen, zum Beispiel kreisförmige, vier- oder dreieckige Steine.

▶ Geben Sie dem Kind einen viereckigen Baustein, damit es seine Form auch über das Fühlen wahrnehmen kann.

▶ Sprechen Sie über die Bezeichnung für diese Art von Baustein, und machen Sie es auf andere viereckige Gegenstände im Raum aufmerksam.

▶ Lassen Sie das Kind auch einen andersgeformten Baustein mit seinen Händen erkunden. Sprechen Sie auch über diese Form mit ihm.

▶ Legen Sie die Bausteine, die Sie bereits genauer betrachtet haben, in einen Beutel oder eine große Tasche.

▶ Nehmen Sie einen anderen viereckigen Baustein in die Hand. Zeigen Sie diesen dem Kind, und lassen Sie es im Beutel nach einem gleich geformten Baustein suchen.

## Hinweis

Lassen Sie das Kind zu Beginn zunächst in den Beutel gucken, um zu sehen, ob es die gesuchte Form gegriffen hat. Wenn es später etwas Übung beim Betrachten und Erfühlen der Formen hat, ermuntern Sie es, die Formen allein durch Fühlen zu finden.

Was das Kind dabei lernt:
**taktile Wahrnehmung**

# Was kannst du fühlen?

Mit dieser Übung sensibilisieren Sie das Kind spielerisch für taktile Eindrücke.

## So geht es

▶ Nehmen Sie drei Gegenstandspaare, zum Beispiel zwei Zahnbürsten, zwei Stoffstücke, zwei Schwämme, zwei Bausteine oder zwei Löffel. Die gewählten Gegenstände eines Paares sollten identisch sein.

▶ Legen Sie beispielsweise eine Zahnbürste auf den Boden und die andere in einen Stoffbeutel oder einen kleinen Kopfkissenbezug. Die anderen beiden Sachenpaare teilen Sie auf dieselbe Weise auf.

▶ Ermuntern Sie das Kind, in den Beutel zu greifen und einen Gegenstand herauszuholen. Bitten Sie es, ihn neben den dazugehörigen Gegenstand auf den Boden zu legen.

▶ Wenn das Kind etwas Übung mit dieser Art der Zuordnung hat, machen Sie die ganze Sache ein wenig schwieriger: Nun soll das Kind in den Beutel greifen und einen Gegenstand nur mit den Fingern erkunden, ihn aber nicht herausholen und ansehen.

▶ Dann bitten Sie das Kind, auf dem Boden nach einem Gegenstand zu suchen, der sich genauso anfühlt. Wenn es sich für einen entschieden hat, nimmt es den Gegenstand aus dem Beutel, den es gefühlt hatte.

... für 2-Jährige

Was das Kind dabei lernt:
## Dinge einander zuordnen

*Spiele für 31 bis 33 Monate*

# Ringel, Ringel, Rosen

Da Kinder tendenziell Ordnung lieben, trifft dieses Spiel sicher ihren Geschmack.

### So geht es

▶ Schneiden Sie Bilder von Rosen, Aprikosen, Veilchen und Vergissmeinnicht aus. Versuchen Sie, von jeder Pflanzensorte drei Abbildungen zu finden. Kleben Sie anschließend jedes einzelne Bild auf festen Fotokarton.

▶ Zeigen Sie dem Kind diese Bilder, und sprechen Sie mit ihm über die abgebildeten Pflanzen. Bitten Sie das Kind, die Abbildungen nach Pflanzenarten zu sortieren.

▶ Singen Sie das folgende Kinderlied:

Ringel, Ringel, Rosen, (zeigen Sie auf die Rosenbilder)
schöne Aprikosen, (zeigen Sie auf die Aprikosenbilder)
Veilchen blau, (zeigen Sie auf die Veilchen)
Vergissmeinnicht, (und auf die Vergissmeinnicht)
alle Kinder setzen sich.
Kikeriki!

### Hinweis

Wenn Sie den Eindruck haben, dass das Sortieren nach vier Kategorien das Kind überfordert, beschränken Sie sich zunächst einfach auf zwei Gruppen von Pflanzen.

*Was das Kind dabei lernt:*
**Hörfähigkeit, Selbstwertgefühl**

# Geräuscheraten

Für 2-Jährige ist die Geräuschkulisse, die sie im Alltag umgibt, etwas sehr Spannendes. Wenn sie einige der Geräusche zuordnen können, erfüllt sie das mit Stolz und Selbstvertrauen.

## So geht es

▶ Machen Sie das Kind im Alltag auf Geräusche aufmerksam, zum Beispiel auf das Geräusch eines draußen vorbeifahrenden Autos, das Läuten der Türklingel, das Tropfen des Wasserhahns, Hundegebell, Regenprasseln etc. Benennen Sie dabei immer deren Quellen, oder überlegen Sie mit dem Kind gemeinsam, wodurch ein bestimmtes Geräusch verursacht wird.

▶ Nehmen Sie diese alltäglichen Geräusche auf Band auf, und hören Sie es sich mit dem Kind zusammen an. Benennen Sie dabei gemeinsam, was Sie hören.

▶ Spielen Sie das Band erneut ab, und unterhalten Sie sich mit dem Kind ausführlicher über die Geräusche, die darauf zu hören sind. Wenn das Kind z.B. sagt, dass es hört, wie eine Tür zugeschlagen wird, greifen Sie das Thema auf. Sprechen Sie darüber, wie Türen geöffnet und geschlossen werden, wer wohl durch die Tür hereinkommt und warum wir Türen schließen.

Was das Kind dabei lernt:
## Hörverständnis

# Könntest du mir bitte …?

2-jährige Kinder sind ganz hingerissen von diesem Spiel und haben das Gefühl, etwas Großartiges geleistet zu haben, wenn sie eine Anweisung richtig befolgt haben.

### So geht es

▶ Bitten Sie das Kind sehr höflich, etwas für Sie zu tun. Eröffnen Sie Ihre Bitte immer mit denselben Worten: „Könntest du mir bitte … ?" Fragen Sie zum Beispiel: „Könntest du mir bitte deinen Teddy bringen?"

▶ Wenn das Kind einmal verstanden hat, wonach Sie fragen, machen Sie Ihre Anweisungen ein wenig schwieriger. Beginnen Sie auch die schwierigeren Anweisungen mit den Worten: „Könntest du mir bitte … ?" Diese einleitenden Worte sind für das Kind das Signal, seine Aufmerksamkeit auf die dann folgende Aufforderung zu richten.

▶ Hier sind einige Vorschläge, welche Anweisungen Sie dem Kind noch geben könnten:

○ Könntest du mir bitte meine Mütze bringen?
○ Könntest du mir bitte meine Schuhe bringen?
○ Könntest du mir bitte ein Handtuch aus dem Badezimmer bringen?
○ Könntest du mir bitte einen Löffel aus diesem Schubfach geben?

Was das Kind dabei lernt:
**Wissen über Elefanten**

# Elefantenparade

Elefanten sind bei vielen Kindern beliebt und ihnen oft aus Zoo oder Zirkus bekannt. Nutzen Sie dieses Interesse für das folgende Spiel.

## So geht es

▶ Schauen Sie sich gemeinsam mit dem Kind Bücher über Elefanten an. Die Bücher über den kleinen Elefanten „Babar" von Laurent de Brunhoff sind besonders gut geeignet, damit das Kind lernt, Elefanten wiederzuerkennen.

▶ Machen Sie dem Kind Elefantenohren vor. Legen Sie dazu Ihre Hände in den Nacken. Die Finger sind dabei locker miteinander verschränkt und die Ellbogen zeigen nach außen. Bewegen Sie nun Ihre Arme vor und zurück, und sagen Sie dabei „innen" und „außen".

▶ Ermuntern Sie das Kind zum Mitmachen, und gehen Sie zusammen als Elefanten durch das Zimmer.

▶ Als Variante können Sie auch den langen Elefantenrüssel simulieren. Umfassen Sie dazu mit Daumen und Zeigefinger Ihrer rechten Hand Ihre Nase. Ihren linken Arm führen Sie nun durch die Öffnung, die durch Ihren rechten Arm entstanden ist.

... für 2-Jährige

Was das Kind dabei lernt:
**Koordination, Gleichgewichtssinn**

# Hüpfen wie ein Hampelmann

In diesem Alter hüpfen Kinder gerne. Machen Sie aus dieser Aktivität eine kleine Gleichgewichtsübung.

## So geht es

▶ Zeigen Sie dem Kind, wie man hochhüpft und dann mit geschlossenen Beinen wieder aufkommt. Machen Sie es zuerst vor, und ermuntern Sie dann das Kind, es Ihnen nachzumachen.

▶ Nun hüpfen Sie hoch und kommen mit gespreizten Beinen wieder auf. Machen Sie es zunächst wieder vor, bevor Sie das Kind wieder auffordern, es auch zu versuchen.

▶ Wenn das Kind beide Hüpfbewegungen gelernt hat, zeigen Sie ihm, wie man diese abwechseln kann.

▶ Weiterführung: Wenn das Kind diese abwechselnden Hüpfbewegungen sicher beherrscht, kann es zusätzlich noch die Arme hinzunehmen. Immer, wenn es die Beine spreizt, kann es seine Arme ebenfalls gespreizt in die Luft strecken. Wenn es darauf im Wechsel mit geschlossenen Beinen aufkommt, schließt es seine Arme ebenfalls über dem Kopf.

## Hinweis

Je nach motorischen Fähigkeiten des Kindes, sollten Sie eventuell bei seinen ersten Hüpfversuchen hinter ihm stehen, um es auffangen zu können, falls es einmal unsicher landet.

Was das Kind dabei lernt:
**Fantasie**

# Spring ins Meer!

Fiktionsspiele bieten Kindern die Möglichkeit, ihre reiche Fantasie auszuleben. In diesem Alter können sie sich für eine relativ lange Zeitspanne auf Scheinwelten einlassen.

## So geht es

▶ Erklären Sie einen bestimmten Bereich des Zimmers zum „Meer". Um das Vorstellungsvermögen zu unterstützen, können Sie in diesem Bereich eine blaue Plane oder Decke auf dem Boden ausbreiten.

▶ Setzen Sie sich neben das Meer auf den Boden. Unterhalten Sie sich mit dem Kind über das Wasser: „**Ist das Wasser kalt?**"
„**Kannst du dich im Wasser treiben lassen?**"
„**Wie schmeckt das Wasser, wenn du es in den Mund nimmst?**"

▶ Zählen Sie langsam bis drei und sagen Sie dann „**Spring ins Meer!**" Tun Sie so, als ob Sie mit dem Kind ins Wasser springen.

▶ Während Sie sich im „Meer" befinden, machen Sie verschiedene Schwimmbewegungen, bespritzen Sie sich gegenseitig mit Wasser, und unterhalten Sie sich über die verschiedenen Fische, die an Ihnen vorbeischwimmen.

▶ Nachdem Sie aus dem Wasser gestiegen sind, schütteln Sie sich und trocknen sich ab. Legen Sie sich nebeneinander in die vorgestellte Sonne, bauen Sie eine Sandburg oder machen andere Sachen, die Ihnen am Strand in den Sinn kommen würden.

Was das Kind dabei lernt:
**beobachten, Aufforderungen nachkommen**

*Spiele für 31 bis 33 Monate*

# Mach's mir nach!

In diesem Alter gehört das Nachahmen zu den wesentlichen Lernstrategien eines Kindes. Wenn es so bei seinen Lernprozessen erfolgreich ist, stärkt das sein Selbstbewusstsein enorm.

### So geht es

▶ Sagen Sie: „Eins, zwei, drei, mach's mir nach." Dann springen Sie auf der Stelle.

▶ Ermuntern Sie das Kind, ebenfalls auf der Stelle zu springen.

▶ Sagen Sie noch einmal: „Eins, zwei, drei, mach's mir nach." Suchen Sie sich nun eine andere Bewegung aus: Klatschen Sie z.B. in die Hände. Ermuntern Sie das Kind wieder, die Bewegung nachzumachen.

▶ Machen Sie so weiter. Denken Sie sich alle möglichen Bewegungen aus, die das Kind schon nachmachen kann.

Kleine Spiele zum Großwerden ...

Was das Kind dabei lernt:
**Koordination**

# Das Seilchen-Nachmach-Spiel

Ein Seil ist nicht nur zum Seilchen springen geeignet. Sie können damit auch ein bewegungsintensives Nachahmungsspiel gestalten, an dem das Kind sicher Gefallen finden wird.

## So geht es

▶ Legen Sie ein Seil auf den Boden.

▶ Fordern Sie das Kind auf, über das Seil zu schreiten, das heißt elegant auf die andere Seite des Seils zu wechseln.

▶ Machen Sie auch andere Bewegungen über das Seil hinweg. Hüpfen Sie zum Beispiel hinüber.

▶ Spielen Sie ein Nachmach-Spiel: Machen Sie immer neue Bewegungen vor, und ermuntern Sie das Kind, diese zu imitieren. Hier sind einige Beispiele:

- vor und zurück über das Seil hüpfen
- zum Seil hinhüpfen und hinüberschreiten
- unter dem Seil hindurchkriechen

▶ Wenn das Kind die Bewegungen gut ausführen kann, gestalten Sie das Spiel anspruchsvoller: Hängen Sie das Seil zwischen zwei Stühlen auf.

... für 2-Jährige

Was das Kind dabei lernt:
**Koordination**

*Spiele für 31 bis 33 Monate*

# Bewegung im Doppelpack

Kinder haben Lust auf Bewegungen. Aktiv zu sein, ist für sie ein inneres Bedürfnis. Bei folgendem Spiel können Kinder sich einmal richtig austoben.

## So geht es

▶ Fordern Sie das Kind auf, sich hinzusetzen. Und bitten Sie es, wieder aufzustehen.

▶ Nachdem sich das Kind erneut hingesetzt hat, fragen Sie es: „Wie kannst Du noch aufstehen?" Probieren Sie gemeinsam verschiedene Möglichkeiten aus, zum Beispiel beim Aufstehen die Arme in die Luft strecken oder nach dem Aufstehen hochhüpfen.

▶ Zeigen Sie dem Kind verschiedene Möglichkeiten, wie es sich recken, in die Hocke gehen, oder laufen und dabei hochspringen kann. Bewegen Sie sich gemeinsam durch den Raum. Probieren Sie dabei verschiedene Aufwärtsbewegungen aus. Können Sie aufwärts marschieren? Können Sie hochhüpfen?

▶ Unterhalten Sie sich mit dem Kind über das Gegenteil. „Wie kannst Du Dich abwärts bewegen?" Geben Sie dem Kind eventuell Beispiele: Sie können sich hinsetzen, hinfallen, sich langsam herabsinken lassen und in die Hocke springen.

▶ Probieren Sie gemeinsam verschiedene Möglichkeiten der Fortbewegung aus. Bewegen Sie sich auch auf verschiedene Arten zur Seite oder rückwärts.

Was das Kind dabei lernt:
**Beziehungen aufbauen**

# Pusten wie der Wind

Flüstern ist schwierig für 2-jährige Kinder. Es erfordert Konzentration und gutes Zuhören. Doch mit einem Gedicht macht das Üben Spaß.

## So geht es

▶ Setzen Sie sich zu dem Kind, und üben Sie mit ihm, vorsichtig zu pusten. Pusten Sie dazu sanft auf seine Hand, und reichen Sie ihm Ihre Hand, damit es ebenfalls möglichst sanft darauf pustet.

▶ Sagen Sie folgenden kleinen Vers auf:

**Ich kann pusten wie der Wind.** (Pusten Sie sanft.)
**Ich kann es regnen lassen.** (Lassen Sie Ihre Finger den Arm des Kindes entlanglaufen.)
**Wenn ich puste, liebes Kind,**
**kann ich deinen Namen flüstern.** (Sagen Sie den Namen des Kindes im Flüsterton.)

### Hinweis

Lassen Sie das Kind nicht zu häufig solche Flüsterspiele spielen. Die Stimmbänder werden beim Flüstern stärker beansprucht als beim normalen Sprechen.

... für 2-Jährige

Was das Kind dabei lernt:
### Hörfähigkeit

*Spiele für 31 bis 33 Monate*

# Hör mal, wer da spricht!

Bei diesem Spiel ist Ihr Einsatz gefragt, aber er ist sicherlich der Mühe wert.

### So geht es

▶ Suchen Sie ein paar Reime aus, die dem Kind gefallen.

▶ Lassen Sie verschiedene Reime von unterschiedlichen Personen vorlesen, die das Kind gut kennt, und nehmen Sie sie auf Band auf. Nehmen Sie die Reime mit unterschiedlichen Vorlesestimmen auf. Dabei sollte jede Person nur ein Gedicht vorlesen.

▶ Spielen Sie dem Kind die Aufnahmen vor, und lassen Sie es raten, wer gerade spricht. Loben Sie das Kind, wenn es Personen errät.

*Kleine Spiele zum Großwerden ...*

Was das Kind dabei lernt:
**Koordination**

# Eine kleine Fingerfamilie

Bei diesem Fingerspiel wird eine ganze Familie vorgestellt.

## So geht es

▶ Halten Sie einen Finger nach dem anderen hoch, während Sie den folgenden Reim aufsagen. Beginnen Sie dabei mit dem Daumen. Bei der letzten Zeile halten Sie die ganze Hand hoch, und zeigen die „Familie" mit allen Familienmitgliedern.

Das ist der Vater, lieb und gut.
Das ist die Mutter mit dem schönen Hut.
Das ist der Bruder, stark und groß.
Die Schwester hat eine Puppe auf dem Schoß.
Das hier ist das Kindchen klein,
und das wird die ganze Familie sein.

▶ Wiederholen Sie dieses Fingerspiel einige Male, und lassen Sie das Kind versuchen, die Bewegungen mit seiner Hand mitzumachen.

▶ Machen Sie beim Sprechen Pausen, wenn das Kind den Reim schon gut kennt, und lassen Sie es Wörter ergänzen.

... für 2-Jährige

**Was das Kind dabei lernt:
Koordination**

# In der Erde steckt ein Samen

Vielleicht hat das Kind schon einmal einen Samen gepflanzt und zugesehen, wie daraus eine Pflanze wächst. Mit diesem Fingerspiel können Sie seine Beobachtungen aufgreifen und festigen.

## So geht es

▶ Sprechen Sie dem Kind den folgenden Reim vor, und begleiten Sie ihn mit den vorgeschlagenen Bewegungen.

In der Erde steckt ein Samen,
tief im Dunkeln, klitzeklein, (Ballen Sie eine Hand zur Faust, und verstecken Sie einen Finger der anderen Hand darin.)
und vom hohen blauen Himmel
schickt die Sonne Sonnenschein. (Machen Sie Abwärtsbewegungen mit gespreizten Fingern, sodass sie wie Strahlen aussehen.)

Kommen graue Regenwolken,
wollen ihre Last vergießen, (Imitieren Sie Regen mit Ihren Fingern.)
und in sanften Regenschauern
fängt ein Pflänzchen an zu sprießen. (Schieben Sie Ihren versteckten Finger durch die Faust.)

▶ Ermuntern Sie das Kind zum Mitmachen.

Was das Kind dabei lernt:
## sprachliche Fähigkeiten

# Fünf kleine Enten

Von lustigen Tierreimen können kleine Kinder nicht genug bekommen.

## So geht es

▶ Sprechen Sie den Reim, und machen Sie die passenden Bewegungen dazu. Bei **„Quak, quak, quak"** wird das Kind schon bald mit großem Vergnügen einstimmen und versuchen, die Bewegungen mitzumachen.

**Ich kannte einst fünf kleine Enten,** (Halten Sie fünf Finger hoch.)
**die schwammen herum den ganzen Tag.** (Machen Sie Paddelbewegungen mit den Händen.)
**Doch eine kleine Ente mit 'ner Feder auf dem Kopf,** (Halten Sie einen Finger hoch.)
**die machte nichts weiter als „Quak, quak, quak."** (Formen Sie aus Daumen und Zeigefinger einen Schnabel, den Sie bei jedem „quak" öffnen und schließen.)

**Ich kannte einmal fünf kleine Enten,** (Halten Sie fünf Finger hoch.)
**die watschelten herum den ganzen Tag.** (Watscheln Sie herum.)
**Doch eine kleine Ente mit 'ner Feder auf dem Kopf,** (Halten Sie einen Finger hoch.)
**die machte nichts weiter als „Quak, quak, quak."** (Formen Sie aus Daumen und Zeigefinger einen Schnabel, den Sie bei jedem „quak" öffnen und schließen.)

**Ich kannte einmal fünf kleine Enten,** (Halten Sie fünf Finger hoch.)
**die flatterten herum den ganzen Tag ...**

... für 2-Jährige

Kleine Spiele zum Großwerden für 2-Jährige

# Spiele für 34 bis 36 Monate

Was das Kind dabei lernt:
**beobachten, Hörverständnis**

*Spiele für 34 bis 36 Monate*

# Der Eichhörnchen-Bewegungsreim

Bei diesem Spiel können Kinder etwas über Eichhörnchen lernen und dabei viel Spaß haben.

## So geht es

▶ Halten Sie Ausschau nach Eichhörnchen, wenn Sie mit dem Kind draußen unterwegs sind. Zeigen Sie ihm den buschigen Schwanz, der so typisch für diese Tiere ist. Zeigen Sie dem Kind auch verschiedene Nüsse, und erklären Sie ihm, dass Nüsse das Lieblingsessen von Eichhörnchen sind. Vielleicht können Sie ihm auch etwas über die Vorräte sagen, die diese Tiere für den Winter anlegen.

▶ Sagen Sie das folgende Gedicht auf, und machen Sie dazu die passenden Bewegungen. Das Kind macht diese bestimmt gerne mit.

**Siehst du meinen Schwanz?**
**Was bin ich für ein Tier?**
**Das Eichhörnchen bin ich**
**und such' nach Nüssen hier.** (Huschen Sie auf der Suche nach Nüssen durch den Raum.)

**Ich habe Nüsse auf dem Bauch,** (Legen Sie sich eine Nuss auf den Bauch.)
**und zwischen meinen Pfoten auch.** (Nehmen Sie eine Nuss zwischen die Hände.)
**Auch hab' ich sie versteckt,** (Verstecken Sie eine Nuss unter einem Kissen, einer Zeitung usw.)
**damit sie niemand entdeckt.** (Schütteln Sie den Kopf.)

Was das Kind dabei lernt:
## zählen, sprachliche Fähigkeiten

# Kleiner Igel, wann wachst du auf?

Mit diesem kleinen Rollenspiel macht dem Kind das Zählenlernen sicher viel Spaß.

## So geht es

▶ Sprechen Sie mit dem Kind darüber, was Tiere – und speziell auch Igel – im Winter tun.

▶ Bitten Sie das Kind, als Igel einen „Winterschlaf" zu halten. Flüstern Sie – nachdem das Kind sich schlafend gestellt hat: „Kleiner Igel, wann wachst du auf?" Helfen Sie dem Kind eventuell bei seiner Antwort. Sagen Sie zum Beispiel: „Um vier Uhr."

▶ Streichen Sie dem Kind vier Mal leicht über den Rücken. Zählen Sie dabei leise mit: „Eins, zwei, drei, vier. Aufwachen, kleiner Igel!"

▶ Wenn das Kind das Prinzip des Spiels verstanden hat, tauschen Sie die Rollen.

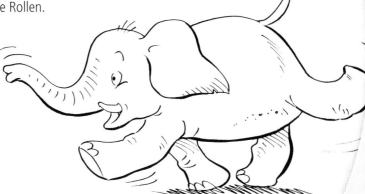

Was das Kind dabei lernt:
## Kreativität

# Der Turm, der wackelt

Kinder lieben einfache, rhythmische Verse. Bei diesem Reim kann man außerdem mitmachen und den Turm selbst wackeln lassen.

## So geht es

▶ Machen Sie eine Faust und strecken Sie dabei aber den Daumen nach oben. Zeigen Sie dem Kind, wie es Ihren Daumen mit seiner Faust umklammern kann und dabei wiederum seinen kleinen Daumen in die Höhe streckt. Jetzt machen Sie wieder vorsichtig eine Faust um den hochgestreckten Daumen des Kindes. So bauen Sie beide den „Turm" zu Ende.

▶ Sagen Sie jetzt die folgenden Verse auf, und lassen Sie den Turm dabei schwanken, indem Sie mit Ihren umklammerten Fäusten kreisende Bewegungen beschreiben:

Der Turm, der wackelt,
der Turm, der wackelt,
die oberste Spitze fällt ab,
klipp-klapp.

▶ Bei den Worten klipp-klapp muss die oberste Faust „abfallen". Der Rest des „Turms" wackelt weiter im Kreis. Fahren Sie mit den restlichen Fäusten in dieser Weise fort, bis alle „Turmspitzen" abgefallen sind.

Was das Kind dabei lernt:
## zählen

# Fünfe, Viere, Dreie ...

Mit lustigen Reimen wie dem folgenden, wird das Zählenlernen zum Kinderspiel.

## So geht es

▶ Legen Sie sich auf dem Rücken auf den Boden. Bitten Sie das Kind, sich ebenfalls auf dem Rücken neben Sie zu legen.

▶ Halten Sie eine Hand hoch, spreizen Sie die Finger, und sagen Sie:

Fünfe lagen im Bett, so schmal (fünf Finger hochhalten)
bis der Kleine, der Kleine, der Kleine befahl:
„Dreht euch, dreht euch, dreht euch alle um!" (Rollen Sie sich beide um die eigene Achse.)
Fünfe fragten nicht warum.
Und einer fiel raus.

Setzen Sie den Reim auf diese Weise fort.
Dreie ...
Zweie ...
Einer ...

Keiner lag mehr im Bett, so schmal.
Und dem Kleinen, dem Kleinen, dem Kleinen war's egal.
(Schließen Sie die Augen und tun Sie so, als würden Sie einschlafen.)

... für 2-Jährige

Was das Kind dabei lernt:
## Hörfähigkeit

# Nimm die Eins

Mit diesem Vers lernt das Kind die Zahlen bis fünf kennen. Und er ist albern genug, um einem 2-Jährigen Spaß zu machen.

## So geht es

▶ Sagen Sie folgenden Vers auf, und führen Sie nach jeder Zeile die Anweisungen aus.

Nimm die Eins: oder keins,
nimm die Zwei: hüpf dabei,
nimm die Drei: mach Geschrei,
nimm die Vier: geh zur Tür,
nimm die Fünf: zeig die Strümpf'.

▶ Wiederholen Sie den Vers, und ermuntern Sie das Kind zum Mitmachen.

▶ Machen Sie nach einigen Durchgängen Pausen vor den Zahlwörtern, damit das Kind versuchen kann, Sie zu ergänzen.

▶ Gehen Sie über den Zahlenraum bis fünf hinaus, wenn Sie das Gefühl haben, dass das Kind damit nicht überfordert ist.

Nimm die Sechs: hier ein Klecks,
nimm die Sieben: du sollst schieben,
nimm die Acht: aufgewacht,
nimm die Neun: kannst dich freu'n,
nimm die Zehn: bleib nicht stehen.

Was das Kind dabei lernt:
## sprachliche Fähigkeiten

# Fräulein Hannchen

Den Reim von „Fräulein Hannchen" nachzuspielen, macht großen Spaß.

## So geht es

▶ Sprechen Sie dem Kind den folgenden Reim vor:
Fräulein Hannchen saß an dem Tannchen,
naschte so manchen Bonbon.
Da kam eine Spinne mit freundlichem Sinne,
doch Hanne, die lief schnell davon.

▶ Setzen Sie zusammen mit dem Kind den Reim szenisch um: Einer von Ihnen ist „Fräulein Hannchen", der andere ist die „Spinne". Fräulein Hannchen tut so, als ob sie Bonbons naschen würde. Wenn sich die Spinne nähert, nimmt sie Reißaus.

▶ Wenn das Kind die Spinne spielt, sagen Sie ihm, dass es an der entsprechenden Stelle des Reimes **„Buh"** machen soll, und dass Sie dann davonrennen.

### Variation

Sie könnten die letzte Zeile auch ändern und damit der kleinen Szene eine andere Wendung geben:
**Da kam eine Spinne mit freundlichem Sinne
und fragte: „Bekomme ich auch was davon?"**
Oder Sie überlegen sich gemeinsam, was die Spinne sonst noch sagen könnte. Wie wär's mit: „Sollen wir zusammen spielen?"

Was das Kind dabei lernt:
## Koordination, zählen

*Spiele für 34 bis 36 Monate*

# Ein Hut, ein Stock, ein Regenschirm

Dieses Spiel, das sich am besten im Freien spielen lässt, können Sie mit einem Kind allein spielen oder noch andere Kinder unterhaken, dann ist der Spaß umso größer.

## So geht es

▶ Nehmen Sie das Kind an die Hand, und spazieren Sie zusammen los, während Sie diese Worte mitsprechen:
**Und eins und zwei und drei und vier und fünf und sechs und sieben und acht:** (machen Sie mit jeder Zahl einen Schritt nach vorn)
**Ein Hut, ein Stock, ein Regenschirm** (trampeln Sie im Rhythmus der Worte auf der Stelle)
**und vorwärts, rückwärts, seitwärts, rein, Hacke, Spitze, hoch das Bein.** (Bleiben Sie mit geschlossenen Beinen stehen, strecken Sie dann ein Bein nach vorn und stellen es dann wieder neben das andere. Mit den anderen Anweisungen machen Sie es ebenso.)

### Hinweis

Dieses Spiel erfordert eine ganze Menge Konzentration. Die Abfolge der Bewegungen flüssig hinzukriegen ist für kleine Kinder nicht so einfach. Wenn sie aber einmal begriffen haben, wie das Spiel geht, können sie nicht genug davon bekommen. Wenn Sie den Eindruck haben, dass das Zählen das Kind noch überfordert, lassen Sie die Zahlen zunächst weg.

Was das Kind dabei lernt:
## Denkfähigkeiten

# Sing dein Lieblingslied

2-jährige Kinder singen gern. Sie haben schon bestimmte Lieblingslieder, die aber häufig wechseln.

## So geht es

▶ Sehen Sie sich nach Bildern und Spielsachen um, die zu den Lieblingsliedern des Kindes passen.

▶ Ermuntern Sie das Kind, eines seiner Lieblingslieder zu singen. Halten Sie dazu das passende Bild oder Spielzeug hoch. Wenn es z.B. das Lied „Die Räder vom Bus" singen will, zeigen Sie auf ein Bild von einem Bus oder nehmen Sie einen Spielzeugbus in die Hand. Hier sind einige Vorschläge, welche Symbole zu welchen Liedern passen:

- ○ **Onkel Otto hat 'ne Farm** (Tierbilder oder Stofftiere)
- ○ **Weißt du, wie viel Sternlein stehen** (Bilder von Himmel und Sternen)
- ○ **Es regnet ohne Unterlass** (Kinderregenschirm)

▶ Drehen Sie die ganze Sache um: Nehmen Sie eines der Spielzeuge oder Bilder, und lassen Sie das Kind versuchen zu raten, welches Lied dazugehört.

### Internettipp
Hier finden Sie viele schöne Kinderlieder: **www.spiellieder.de**

... für 2-Jährige

Was das Kind dabei lernt:
**Musik wahrnehmen**

# Der musikalische Floh

Dieser musikalische Reim bringt jede Menge Spaß.

### So geht es

Überlegen Sie sich, wie Sie eine Tonleiter singen würden, und dieses Lied ist überhaupt kein Problem für Sie.

Auf meinem Zeh, – DO
das sitzt ein Floh, – RE
er klettert rauf – MI
bis hoch zum Po – FA
am Bauch vorbei, – SOL
ja, das ist wahr, – LA
bis auf den Kopf – TI
und in mein Haar. – DO

Und nun geht es wieder abwärts:

Auf meinem Kopf, – DO
da sitzt ein Floh, – TI
er klettert runter – LA
bis zum Po – SOL
am Bauch vorbei – FA
bis hin zum Knie – MI
und dann zum Zeh, – RE
geh weg, du Vieh. – DO (an dieser Stelle zwacken Sie das Kind vorsichtig in den Zeh)

Was das Kind dabei lernt:
**Rhythmusgefühl**

# Kling, Glöckchen

Musikinstrumente haben für fast alle Kinder einen hohen Aufforderungscharakter. Deshalb wird das Kind sicher mit Begeisterung Ihre selbstgebastelte Rassel schütteln.

## So geht es

▶ Legen Sie zwei oder drei kleine Glöckchen in eine Papröhre (von einer Rolle Küchenpapier), und verschließen Sie sie mit Klebeband. Basteln Sie noch eine zweite Glöckchenrassel.

▶ Singen Sie das folgende Weihnachtslied, und begleiten Sie es dabei indem Sie die selbstgebastelten Rasseln im Rhythmus schütteln.

Kling, Glöckchen, klingelingeling,
kling, Glöckchen, kling.
Lasst mich ein, ihr Kinder, ist so kalt der Winter,
öffnet mir die Türen, lasst mich nicht erfrieren.
Kling, Glöckchen, klingelingeling,
kling, Glöckchen, kling.

Kling Glöckchen …
Mädchen hört's und Bübchen, macht mir auf das Stübchen!
Bring' euch viele Gaben, sollt euch dran erlaben.
Kling, Glöckchen …

Kling Glöckchen …
Hell erglüh'n die Kerzen, öffnet mir die Herzen!
Will drin wohnen fröhlich, frommes Kind wie selig!
Kling, Glöckchen …

… für 2-Jährige

Was das Kind dabei lernt:
**Rhythmusgefühl**

*Spiele für 34 bis 36 Monate*

# Wir rütteln und schütteln

Bei diesem Schüttellied kann sich das Kind richtig austoben.

## So geht es

▶ Lassen Sie das Kind zwei Papiertüten (z.B. Butterbrottüten) bemalen.

▶ Füllen Sie Reis oder getrocknete Bohnen in die Tüten. Machen Sie die Tüten dabei nicht zu voll, sonst klingen sie nicht so markant. Kleben Sie die Tüten sorgfältig mit Klebeband zu.

▶ Zeigen Sie dem Kind, wie es mit den Tütenrasseln Geräusche erzeugen kann.

▶ Singen Sie zusammen Lieder, die das Kind kennt und mag. Rütteln und schütteln Sie dazu im Rhythmus Ihre Rasseln. Singen Sie diesen Vers auf eine selbsterfundene Melodie, und rasseln Sie gemeinsam mit dem Kind im Rhythmus dazu. Strecken Sie passend zum Vers dabei abwechselnd die Arme nach oben, nach unten, und lassen Sie sie bei der letzten Zeile kreisen.

Wir schütteln oben, oben, oben,
schütteln unten, unten, unten,
schütteln oben, oben, oben,
schütteln unten, unten, unten,
schütteln rund und rundherum.

Was das Kind dabei lernt:
## Hörfähigkeit

# Wer singt denn da?

2-Jährige hören sich gerne CDs und Kassetten mit Hörspielen oder Kinderliedern an.

## So geht es

▶ Suchen Sie ein Lied aus, dass das Kind kennt, z.B. „Alle meine Entchen".

▶ Ermuntern Sie Personen, die das Kind gut kennt, dieses Lied nacheinander zu singen, und nehmen Sie ihren Gesang auf.

▶ Spielen Sie dem Kind die Aufnahmen vor und lassen Sie es raten, wer gerade das Lied singt.

▶ Lassen Sie verschiedene Personen, die dem Kind vertraut sind, nette Sachen zu ihm sagen, z.B. „**Du kannst gut singen."** „**Du baust schöne Sachen mit Bauklötzen."** etc. Nehmen Sie diese Äußerungen auf einer weiteren Kassette auf.

▶ Lassen Sie das Kind erraten, wer auf der Kassette gerade etwas Nettes zu ihm sagt.

... für 2-Jährige

Was das Kind dabei lernt:
### Kreativität

# Spaß am Telefon

2-Jährige sprechen gerne am Telefon – egal, ob es sich dabei um ein echtes Telefon handelt oder nicht.

### So geht es

▶ Geben Sie dem Kind ein Spielzeugtelefon, und setzen Sie sich mit einem weiteren Telefon ihm gegenüber.

▶ Halten Sie sich Ihren Hörer ans Ohr, und tun Sie so, als würden Sie eine Nummer wählen. Imitieren Sie dann das Klingeln eines Telefons, und fordern Sie das Kind auf, seinen Hörer abzuheben.

▶ Beginnen Sie ein Gespräch. Fangen Sie mit Fragen an, die das Kind nur mit einem Wort beantworten muss. Beispiel:

Erwachsener: Hallo.
Kind: Hallo.
Erwachsener: Wie heißt du?
Kind: Ich heiße … (Name des Kindes)

Beenden Sie das Gespräch mit „Auf Wiederhören".

### Tipp

Bauen Sie W-Fragen in das Gespräch ein (wer, wie, was, wo, warum, wann). So fördern Sie den Wortschatz des Kindes.

### Variation

Tun Sie so, als würden Sie Leute anrufen, die das Kind kennt. Sie übernehmen dabei die Rolle des Anrufers, während das Kind Papa, Oma, den Hund o.Ä. spielen darf.

*Spiele für 34 bis 36 Monate*

*Kleine Spiele zum Großwerden …*

Was das Kind dabei lernt:
**Fantasie, sprachliche Fähigkeiten**

# Wer ist an der Tür?

Rollenspiele beflügeln die Fantasie des Kindes. Folgendes Spiel fördert durch seine vorgegebene Struktur auch seine sprachlichen Fähigkeiten.

## So geht es

▶ Gehen Sie ins Nebenzimmer, und schließen Sie die Tür hinter sich.

▶ Klopfen Sie an die Tür. Das Kind sagt: „Wer ist da?" Nachdem es Ihre Antwort abgewartet hat, sagt es: „Herein."

▶ Jetzt darf das Kind klopfen, und Sie sagen: „Wer ist da?" und erwidern „Herein" auf die Antwort des Kindes.

▶ Schlüpfen Sie in verschiedene Rollen. Lassen Sie das Kind beispielsweise den Postboten oder einen Zeitungsverkäufer spielen.

▶ Spielen Sie das Spiel entsprechend der gewählten Rollen noch etwas weiter. Lassen Sie sich zum Beispiel vom Postboten die Post geben, oder kaufen Sie dem Zeitungsverkäufer eine Zeitung ab.

... für 2-Jährige

**Was das Kind dabei lernt:**
### sprachliche Fähigkeiten

# Mit dem Teddy unterwegs

Spielen Sie dieses Spiel, während Sie mit dem Kind und seinem Teddy im Freien spazieren gehen. Sicher wird es schon bald seinem Teddy erzählen, was es dort alles zu sehen gibt.

### So geht es

▶ Ermuntern Sie das Kind, seinem Teddy (bzw. seinem Lieblingsplüschtier) bestimmte Dinge zu zeigen. Sagen Sie z.B.: **„Zeig Teddy die Bäume"** oder **„Zeig Teddy die Häuser"** oder **„Zeig Teddy das Fenster."**

▶ Sobald Sie meinen, dass das Kind Sie verstanden hat, gehen Sie bei Ihren Aufforderungen noch einen Schritt weiter. Sagen Sie zunächst, wie ein bestimmter Gegenstand heißt. Ermuntern Sie das Kind dann, diesen seinem Teddy zu zeigen oder ihm davon zu erzählen. Sagen Sie zum Beispiel: **„Dort spielen Kinder im Park. Erzähl' Teddy davon."**

▶ Falls das Kind nicht sofort begreift, was es tun soll, machen Sie es ihm vor. Wenden Sie sich dem Teddy zu, und sagen Sie: **„Guck' mal Teddy, dort spielen Kinder im Park."**

Was das Kind dabei lernt:
## Denkfähigkeiten

# Teddy-Quiz

Regen Sie das Kind mit einem Teddy-Quiz zum Nachdenken an. Sicher wird es sehr stolz auf sich sein, wenn es Ihre Fragen richtig beantworten kann.

## So geht es

▶ Halten Sie den Teddy des Kindes vor sich, und stellen Sie ihm eine Frage: „Teddy, freust du dich?" Bewegen Sie dann den Teddykopf zustimmend auf und ab.

▶ Stellen Sie eine weitere Frage: „Scheint draußen die Sonne?" Machen Sie je nach Wetter mit dem Teddykopf entweder zustimmende oder ablehnende Bewegungen.

▶ Geben Sie dem Kind den Teddybär, und ermuntern Sie es, durch Bewegen des Teddykopfs Ihre Fragen zu beantworten.

## Tipp

Stellen Sie Fragen, die das Wissen des Kindes über verschiedene Dinge festigen oder seine Erinnerungsfähigkeit schulen. Beispiele:

- Machen Hunde „Muh"?
- Was hast du gefrühstückt?
- Wie macht man das Licht an?

Was das Kind dabei lernt:
## Kreativität, sprachliche Fähigkeiten

*Spiele für 34 bis 36 Monate*

# Das sprechende Zimmer

Fordern Sie das Kind zu neuen Denkansätzen heraus. So fördern Sie seine Fähigkeit zum kreativen Denken.

## So geht es

▶ Stellen Sie eine Frage, die das Kind zum Nachdenken anregt, zum Beispiel: „Was würdest du sagen, wenn du eine Blume wärst?" oder „Was würdest du sagen, wenn du ein Stuhl wärest?"

▶ Falls das Kind gerade auf einem Stuhl sitzt, sagen Sie: „Sitzt dort ein Elefant? Hat der kleine Elefant sich verlaufen?"

▶ Gehen Sie gemeinsam mit dem Kind durch das Zimmer, und sprechen Sie mit verschiedenen Gegenständen.

▶ Stellen Sie den Gegenständen Fragen, und beantworten Sie diese mit verstellter Stimme. Beispiele:

Hallo, Stuhl, was ist los?
Stuhl: Jemand soll auf mir sitzen.

Hallo Blume, du bist aber schön!
Blume: Ach bitte, riech' an mir!

Was das Kind dabei lernt:
## Hörfähigkeit

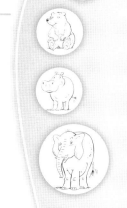

# Tiergeschichte mit Geräuschen

2-Jährige können Tiergeräusche geradezu meisterhaft nachahmen.

## So geht es

Denken Sie sich eine Geschichte aus, in der zwei Tiere vorkommen. Ermuntern Sie das Kind dazu, immer dann das Geräusch des Tieres nachzumachen, wenn Sie es erwähnen. Nennen Sie in Ihrer Geschichte jedes Tier mindestens drei Mal.

### Beispiel

Es waren einmal zwei kleine Hunde. (Kind bellt)
Sie wohnten in einem Haus mit zwei Katzen (Kind miaut) …

### Tipp

Wenn das Kind dieses Spiel bereits kennt, denken Sie sich eine Geschichte mit drei oder vier Tieren aus.

Was das Kind dabei lernt:
### sich erinnern, Kreativität

*Spiele für 34 bis 36 Monate*

# Eine Geschichte spielen

Ältere 2-Jährige haben bestimmte Lieblingsbücher und können schon gut genug sprechen, um kleine Sätze aus diesem Buch zu wiederholen.

## So geht es

▶ Nehmen Sie sich das Lieblingsbuch des Kindes oder ein anderes Buch, dessen Geschichte das Kind gut kennt.

▶ Lesen Sie dem Kind das Buch einige Male vor. Machen Sie dabei Erzählpausen, und lassen Sie das Kind den Text ergänzen. Ermuntern Sie es auch, passende Bewegungen zum Text zu machen.

▶ Lösen Sie sich allmählich vom Buch. Übernehmen Sie die Rolle einer Figur des Buches und lassen Sie das Kind eine weitere Figur des Buches spielen. Versuchen Sie, die Handlung des Buches szenisch umzusetzen und markante Sätze aus dem Buch in Ihr Spiel einzubinden.

### Hinweis

Wählen Sie eine Geschichte, deren Handlung nicht zu umfangreich oder zu komplex, sondern für das Kind überschaubar ist. Sie können auch ein Märchen umsetzen. Achten Sie außerdem darauf, dass nicht zu viele Figuren im Buch vorkommen, wenn Sie die szenische Gestaltung mit nur einem Kind erarbeiten möchten.

Was das Kind dabei lernt:
## Denkfähigkeiten, Hörverständnis

# Finde das passende Bild

Die meisten Kinder genießen es, wenn Ihnen Erwachsene ein Buch vorlesen. Oft wollen Sie eine bestimmte Geschichte immer und immer wieder hören. Mit folgendem Spiel gestalten Sie die Vorlesezeit noch spannender.

## So geht es

▶ Wählen Sie ein Buch mit einer interessanten Geschichte und bunten Bildern. Erstellen Sie Farbkopien von den einzelnen Bildern, oder schneiden Sie die Bilder aus einem zweiten Buchexemplar aus.

▶ Lesen Sie dem Kind das Buch mindestens zweimal vor. Legen Sie das Buch dann zur Seite.

▶ Legen Sie die ausgeschnittenen oder kopierten Bilder auf den Tisch, und erzählen Sie die Geschichte nach. Ermuntern Sie das Kind, die jeweils passenden Bilder zu den verschiedenen Erzählabschnitten zu suchen. Legen Sie die Bilder dabei so hin, dass sie am Ende in chronologischer Reihenfolge geordnet sind.

▶ Legen Sie die Bilder zur Seite, und lesen Sie die Geschichte erneut vor. Ermuntern Sie das Kind dieses Mal im Anschluss, die Bilder in die richtige Reihenfolge zu bringen.

... für 2-Jährige

Was das Kind dabei lernt:
**Fantasie, Kreativität**

*Spiele für 34 bis 36 Monate*

# Spielzeug-Geschichten

Dieses Spiel regt das Kind dazu an, sich kleine Geschichten auszudenken. Sie werden staunen, wie fantasievoll und kreativ es dabei sein wird.

## So geht es

▶ Legen Sie einige Spielzeuge des Kindes in einen Korb.

▶ Ermuntern Sie es, eines davon aus dem Korb zu nehmen.

▶ Denken Sie sich zu diesem Spielzeug eine Geschichte aus. Sie sollte möglichst kurz und einfach sein, zum Beispiel:

Es war einmal ein Hund namens Peppo. Er sprang gerne umher und wedelte mit dem Schwanz.

▶ Legen Sie das Spielzeug beiseite, und bitten Sie das Kind, ein weiteres Spielzeug aus dem Korb zu holen.

▶ Erzählen Sie dem Kind auch zu diesem Spielzeug eine kleine Geschichte.

▶ Fahren Sie auf diese Weise mit dem Spiel fort. Beziehen Sie dabei das Kind mehr und mehr in das Geschichtenerfinden ein. Lassen Sie es überlegen, was ein Stofftier erlebt haben oder was mit einem Spielzeug passiert sein könnte.

Was das Kind dabei lernt:
**Fantasie**

# Familie Fingerhut

Einige Fingerhüte reichen bereits aus, um mit ihnen ein amüsantes Spiel zu gestalten.

## So geht es

▶ Malen Sie mit Filzstiften Gesichter auf Fingerhüte aus Plastik. Sie können so zum Beispiel eine ganze Familie aus den Fingerhüten entstehen lassen.

▶ Stecken Sie einige Fingerhüte auf Ihre Finger, und geben Sie dem Kind einen weiteren.

▶ Stellen Sie zunächst Ihre Fingerhut-Figuren mit veränderter Stimme vor. Bewegen Sie dabei immer den entsprechenden Finger.

▶ Beginnen Sie ein Gespräch mit der Fingerhut-Figur des Kindes. Stellen Sie dabei einfache Fragen, zum Beispiel: **„Wer bist du?"**, **„Wohin gehst du heute?"** etc. Zeigen Sie dem Kind, wie es den Finger bewegen soll, wenn es der Fingerhut-Figur seine Stimme leiht.

... für 2-Jährige

Was das Kind dabei lernt:
### sprachliche Fähigkeiten

# Plauderei mit der Handpuppe

Dieser neue Gesprächspartner weckt sicher Aufmerksamkeit und Interesse des Kindes.

## So geht es

▶ Nehmen Sie eine Handpuppe, deren Kopf und Hände sich bewegen lassen.

▶ Zeigen Sie dem Kind, was die Puppe alles mit ihren Händen machen kann, zum Beispiel klatschen, winken und klopfen. Dann zeigen Sie dem Kind, was die Puppe alles mit dem Kopf machen kann, zum Beispiel nicken und den Kopf schütteln.

▶ Stellen Sie der Puppe Fragen wie zum Beispiel:

- Was isst du gerne?
- Was ist dein Lieblingsspielzeug?
- Spielst du gerne draußen?
- Wie heißt dein Freund?

▶ Richten Sie dann mit der Handpuppe Fragen an das Kind, um ein Gespräch anzuregen. Wählen Sie dazu entweder die oben genannten Fragen, oder denken Sie sich weitere aus, zum Beispiel:

- Was ist deine Lieblingsfarbe?
- Wo sind deine Füße?
- Welches ist dein Lieblingsbuch?
- Wie macht die Kuh?

Was das Kind dabei lernt:
**Kreativität**

# Löffelpuppen-Spiele

Eine Handpuppe zu bewegen ist für viele Kinder diesen Alter vermutlich noch schwierig. Aber versuchen Sie es doch einmal mit einer Löffelpuppe.

## So geht es

▶ Malen sie mit einem Filzstift ein Gesicht auf eine Seite eines Holzkochlöffels.

▶ Nehmen Sie ein Stück Stoff. Schneiden Sie in der Mitte einen Schlitz.

▶ Stecken Sie den Griff des Löffels durch den Schlitz. Kleben Sie dann den Stoff oben am Löffel fest, sodass er nicht verrutscht.

▶ Geben Sie dem Kind die Löffelpuppe, und zeigen Sie ihm, wie es sie hin- und herbewegen kann.

▶ Beginnen Sie ein Gespräch mit der Löffelpuppe. Ermutigen Sie das Kind auch dazu, mit der Puppe ein Lied zu singen oder eine Geschichte zu erzählen.

... für 2-Jährige

Was das Kind dabei lernt:
### Kreativität

*Spiele für 34 bis 36 Monate*

# Der Strumpfschneemann

Wenn es draußen richtig kalt ist, werden Winterbasteleien wie die folgende bei Kindern für viel Vergnügen sorgen.

### So geht es

▶ Stopfen Sie eine weiße lange Socke mit Papiertaschentüchern aus. Machen Sie an drei Stellen einen Knoten in die Socke hinein, sodass Sie die Form eines Kopfes mit einem zweiteiligen Körper annimmt.

▶ Geben Sie dem Kind ein paar Stofffetzen, damit es Ihnen beim Basteln der Puppe helfen kann. Unterhalten Sie sich mit ihm darüber, wie Sie am besten einen Mund, zwei Augen und andere Gesichtszüge anbringen können.

▶ Wenn die Puppe fertig ist, denken Sie sich eine einfache Geschichte über einen Schneemann aus. Bauen Sie den Namen des Kindes in die Geschichte ein. Sie können dabei auch das Kind nach Ideen fragen und diese in Ihre Erzählung einbauen.

Was das Kind dabei lernt:
**Fantasie, Hörfähigkeit**

# Häschen in der Grube

Stabpuppen können Sie ganz leicht selber basteln. Die Figuren eignen sich prima zum Spielen für 2-jährige Kinder.

## So geht es

▶ Schneiden Sie ein Bild aus, auf dem der Kopf eines Häschens abgebildet ist, oder malen Sie ein solches.

▶ Kleben Sie das Bild an die Spitze eines Strohhalmes.

▶ Bohren Sie ein Loch in den Boden eines Pappbechers. Stecken Sie den Strohhalm so in das Loch, dass sich der Hasenkopf im Becher befindet. Wenn das Kind den Strohhalm auf- und abbewegt, taucht der Hase über dem Becherrand auf und verschwindet wieder.

▶ Singen Sie das Lied „Häschen in der Grube". Ermuntern Sie das Kind, bei jedem „Häschen" den Hasenkopf aus dem Becher herausgucken zu lassen.

### Internettipp

Falls Sie das genannte Lied nicht kennen, können Sie es sich auf der Seite **www.ingeb.org** anhören. Dort finden Sie auch den Text.

Was das Kind dabei lernt:
**Fantasie**

*Spiele für 34 bis 36 Monate*

# Die fliegende Fingerpuppe

Es gibt unzählige Möglichkeiten, aus einfachen Ideen immer neue Spielfiguren zu gestalten.

## So geht es

▶ Wickeln Sie sich und dem Kind ein Stück weißes Seidenpapier um die Fingerspitze Ihres Zeigefingers. Das wird der Kopf der Puppe.

▶ Befestigen Sie das Seidenpapier mit einem Stück Schnur oder Wolle an den Fingergelenken, damit die Puppenköpfe nicht verrutschen. Die Seidenpapierstücke sollten jeweils so groß sein, dass sie unterhalb der Befestigung wie ein Kleid über die Hände fallen.

▶ Malen Sie mit einem Filzstift ein Gesicht auf das Seidenpapier.

▶ Singen Sie das folgende Lied auf die Melodie von der „Vogelhochzeit":

Hallo, ich bin die Zauberpuppe,
denn ich fliege durch die Luft.
Fi di ra la la, fi di ra la la,
fi di ra la la la la. (Laufen Sie durch den Raum, und winken Sie dabei mit der Hand als sei Ihr Finger eine fliegende Puppe.)

▶ Ermuntern Sie das Kind zum Mitmachen.

### Internettipp

Die Melodie der „Vogelhochzeit" können Sie sich hier anhören:
**www.ingeb.org.de**

Was das Kind dabei lernt:
**sprachliche Fähigkeiten, Fantasie**

# Die Tierpuppen-Bühne

Regen Sie das Kind doch einmal dazu an, ein richtiges kleines Bühnenspiel zu gestalten.

## So geht es

▶ Zeigen Sie dem Kind Tierbilder in Zeitschriften. Das Kind darf sich ein Bild aussuchen. Am besten eignet sich ein Bild mit ein oder zwei Tieren.

▶ Schneiden Sie das gewählte Bild aus. Basteln Sie daraus eine Stabpuppe, indem Sie es oben an einen Löffel mit langem Stiel befestigen.

▶ Benutzen Sie einen niedrigen Tisch als Puppenbühne, und bewegen Sie den Löffel darüber hinweg, während Sie für die Puppe sprechen. Wenn Sie ein großes Tuch über den Tisch legen, können Sie dabei ganz hinter der Bühne verschwinden.

▶ Beginnen Sie mit dem Kind über die Stabpuppe eine Unterhaltung. Stellen Sie ihm zunächst einfache Fragen. Wenn Sie mit einer Kuh-Puppe spielen, fragen Sie zum Beispiel: „Was sagt die Kuh?" oder „Hallo, möchtest du Milch haben?"

▶ Überlassen Sie nach einiger Zeit dem Kind die Rolle des Puppenspielers. Es möchte sie bestimmt schon bald selbst bewegen und für sie sprechen.

Was das Kind dabei lernt:
## Denkfähigkeiten, sprachliche Fähigkeiten

*Spiele für 34 bis 36 Monate*

# Licht an, Licht aus

Für kleine Kinder sind auch die kleinsten Dinge spannend. Selbst das Betätigen eines Lichtschalters kann ihr Interesse wecken, wenn Sie daraus ein nettes Spiel machen.

## So geht es

▶ Heben Sie das 2-Jährige so hoch, dass es an einen Lichtschalter an der Wand kommt.

▶ Bitten Sie es, auf den Schalter zu drücken. Sagen Sie **„Licht an"**, während das Kind das Licht anmacht.

▶ Wenn das Licht an ist, singen Sie ein bekanntes Lied, wie zum Beispiel „Laterne, Laterne".

▶ Bitten Sie das Kind, das Licht wieder auszuschalten. Sagen Sie dabei **„Licht aus"**.

▶ Führen Sie den Finger an die Lippen, und sagen Sie ganz leise „Jetzt müssen wir ganz leise sein."

▶ Sagen Sie dann wieder in normaler Lautstärke **„Licht an"**, und beginnen mit dem Spiel von vorne. Schon bald wird das Kind die Sätze für Sie sagen.

## Internettipp

Unter **www.lieder-archiv.de** finden Sie Melodie und Text des genannten Liedes.

Was das Kind dabei lernt:
## sprachliche Fähigkeiten

# Teddybär, Teddybär, was siehst du?

Dieses Spiel macht Kindern in dieser Altersgruppe großen Spaß und erweitert ihren Wortschatz auf spielerische Weise.

## So geht es

▶ Setzen Sie sich mit dem Kind und seinem Teddy auf ein Sofa oder in einen Sessel.

▶ Fragen Sie: „Teddybär, Teddybär, was siehst du?"

▶ Setzen Sie sich den Teddy auf die Nase, und sagen Sie mit verstellter Teddybär-Stimme: „**Ich sehe deine Nase, die sieht mir zu.**"

▶ Bitten Sie das Kind, den Teddy zu nehmen und auf den Tisch zu setzen. Sprechen Sie dabei folgenden Wortwechsel:

Teddybär, Teddybär, was siehst du?
Ich sehe den Tisch, der sieht mir zu.

▶ Das Kind wird bald verstehen, wie das Spiel funktioniert, und den Teddy an verschiedene Stellen im Raum, auf seine Nase, seinen Kopf oder auf andere Körperteile setzen.

... für 2-Jährige

Was das Kind dabei lernt:
### Denkfähigkeiten

*Spiele für 34 bis 36 Monate*

# Ich sehe was, was du nicht siehst

Dieses Spiel haben Sie als Kind wahrscheinlich selbst gespielt. Die folgende Version ist speziell für 2-Jährige konzipiert, und fördert ihre sprachlichen Fähigkeiten.

### So geht es

▶ Nehmen Sie ein Rohr (z.B. von einer Küchenrolle) oder ein richtiges Fernrohr.

▶ Schauen Sie durch das Rohr, und sagen Sie:

Ich sehe was, was Du nicht siehst, und das ist rot.
Ist es der Stuhl? Nein, nicht der Stuhl.
Ist es der Fußboden? Nein, nicht der Fußboden.
Ist es eine Blume? Ja, es ist eine Blume.

▶ Reichen Sie das Fernrohr an das Kind weiter, und wiederholen Sie das Spiel. Ermutigen Sie das Kind, auf die Fragen zu antworten. Nachdem Sie zum Beispiel „Ist es der Stuhl?" gefragt haben, soll das Kind „Nein, nicht der Stuhl" antworten.

### Hinweis

Vermutlich wird das Kind zuerst nur mit „Nein" auf Ihre Fragen antworten. Jedoch wird sich dieses im Laufe des Spiels ändern. Tauschen Sie öfter die Rollen, um dem Kind durch Ihre Antworten sprachliche Beispiele zu geben.

Was das Kind dabei lernt:
## Kreativität und Fantasie

# Lustiges Verwechslungsspiel

2-Jährige entwickeln gerade einen Sinn für Humor. Besonders gerne nennen Sie Dinge, die sie gut kennen, plötzlich bei einem anderen Namen. Deshalb finden Sie bestimmt auch folgendes Verwechslungsspiel mit Tieren oder Körperteilen sehr lustig.

## So geht es

▶ Suchen Sie ein schönes Bilderbuch aus, und lesen Sie es gemeinsam mit dem Kind.

▶ Zeigen Sie auf eines der Bilder, und geben Sie dem abgebildeten Gegenstand einen neuen Namen. Zeigen Sie zum Beispiel auf einen Hund, und nennen Sie ihn „Katze". Sie können auch eine Nase als „Ohr" bezeichnen oder einen „Zeh" als „Finger".

... für 2-Jährige

Was das Kind dabei lernt:
**beobachten**

*Spiele für 34 bis 36 Monate*

# Wer ist auf dem Bild?

Das Kind ist bestimmt begeistert, wenn es sich selbst auf Fotos wiedererkennt.

## So geht es

▶ Fotografieren Sie das Kind an verschiedenen Orten, zum Beispiel vor seinem Wohnhaus, vor der Einrichtung, mit seinem Lieblingsstofftier etc. Machen Sie von jedem Foto zwei Abzüge.

▶ Sehen Sie sich mit dem Kind gemeinsam die Bilder an, und unterhalten Sie sich darüber.

▶ Wählen Sie drei Fotos aus, und legen Sie sie auf einen Stapel.

▶ Geben Sie dem Kind eines der doppelten Fotos, das auch auf dem Stapel liegt. Ermuntern Sie das Kind, das gleiche Foto aus dem Stapel herauszusuchen. Wenn das Kind das richtige Foto gefunden hat, loben Sie seine Beobachtungsgabe.

▶ Wiederholen Sie dieses Spiel mit drei anderen Bildern.

Was das Kind dabei lernt:
## Gleiches und Unterschiedliches wahrnehmen

# Gleich und verschieden

In diesem Alter ist das Kind in der Lage, Dinge nach Kategorien zu ordnen. Mit diesem Spiel festigen Sie diese Fähigkeit.

## So geht es

▶ Suchen Sie vier Paare von gleich aussehenden Gegenständen. Das können zum Beispiel Besteckteile, Würfel, Pappbecher oder Handschuhe sein.

▶ Setzen Sie sich mit dem Kind auf den Boden, und breiten Sie die Gegenstände vor sich aus.

▶ Nehmen Sie einen der Gegenstände in die Hand, und ermuntern Sie das Kind, ein Teil zu suchen, das genauso aussieht.

▶ Zeigen Sie dem Kind nacheinander weitere Gegenstände, und bitten Sie es, die jeweils passenden Gegenstücke zu suchen. Sagen Sie jedes Mal, wenn das Kind das Gegenstück gefunden hat: „Ja, das ist das Gleiche."

### Variation

Sie können den Schwierigkeitsgrad dieses Spiels steigern, indem Sie weitere Gegenstände hinzufügen.

Was das Kind dabei lernt:
**Zahlen**

# Karten spielen

2-Jährige spielen gerne mit Karten. Sie können sich stundenlang damit beschäftigen, sich die Karten anzuschauen, sie auf den Boden fallen zu lassen und wieder aufzuheben.

## So geht es

▶ Tun Sie so, als würden Sie ein richtiges Kartenspiel mit dem Kind spielen.

▶ Teilen Sie etwa zehn Karten aus, und sagen Sie dabei: „**Eine für dich, eine für mich** …" Ermuntern Sie das Kind, mitzusprechen.

▶ Wenn Sie die Karten ausgeteilt haben, drehen Sie sie um und unterhalten sich mit dem Kind über die Bilder.

▶ Teilen Sie danach wieder zehn Karten aus. Verteilen Sie diesmal jedoch abwechselnd immer zwei Karten. Sagen Sie: „**Zwei für mich, zwei für dich** …" Bitten Sie das Kind erneut, die Worte mit Ihnen zusammen zu sprechen. Vielleicht kann es dies auch schon alleine.

▶ Setzen Sie das Spiel auf diese Weise fort.

▶ Machen Sie einen Schlitz in den Deckel eines Schuhkartons. Lassen Sie das Kind seine zehn Karten hineinstecken, und zählen Sie dabei laut mit.

Was das Kind dabei lernt:
**Farben wahrnehmen, Kreativität**

# Ein Farbensuchspiel

Das Kind kennt in diesem Alter bereits viele Farben. Bei diesem kleinen Suchspiel kann es seine Kenntnisse vertiefen und wird sicher viel Spaß haben.

## So geht es

▶ Nehmen Sie ein paar Karteikarten. Bemalen Sie jede in einer anderen Farbe, zum Beispiel in rot, blau, gelb etc. Verstecken Sie die Karten im Raum, zum Beispiel unter einem Stuhl oder in einer Schublade.

▶ Singen Sie das folgende Liedchen zu der Melodie von „Bruder Jakob":

Rote Karte, rote Karte,
wo bist du? Wo bist du?
Wo kannst du denn stecken? Wo kannst du denn stecken?
Wo bist du? Wo bist du?

▶ Geben Sie dem Kind den Auftrag, die rote Karte zu suchen. Geben Sie ihm dabei einen Suchtipp. Fragen Sie zum Beispiel: **„Findest du die rote Karte unter dem Stuhl?"**

▶ Singen Sie das Lied noch einmal, wenn das Kind die Karte gefunden hat, und loben Sie es. Falls es zunächst eine andere Karte findet, sagen Sie zum Beispiel: **„Das ist nicht die rote Karte, das ist die blaue Karte. Findest du die rote Karte?"**

▶ Setzen Sie das Spiel fort, indem Sie das Kind nach einer andersfarbigen Karte suchen lassen.

... für 2-Jährige

Was das Kind dabei lernt:
### sich erinnern, sprachliche Fähigkeiten

*Spiele für 34 bis 36 Monate*

# Was fehlt?

Diese Übung ist Sport für das Gedächtnis des Kindes und festigt seinen Wortschatz.

### So geht es

- ▶ Legen Sie zwei Spielsachen auf den Boden.
- ▶ Ermuntern Sie das Kind, die Augen zu schließen, während Sie eines der beiden Spielsachen wegnehmen.
- ▶ Fordern das Kind auf, die Augen wieder zu öffnen und zu raten, welches Spielzeug fehlt.
- ▶ Ermuntern Sie das Kind, auch für Sie Gegenstände wegzunehmen, damit Sie raten können, was fehlt.

### Hinweis

Spielen Sie das Spiel zunächst nur mit zwei Gegenständen. Später können Sie weitere hinzufügen, damit das Spiel schwieriger wird. Sie können das Spiel auch schwieriger gestalten, indem Sie zwei Gegenstände wählen, die sich nur durch ihre Farbe voneinander unterscheiden, z.B. einen roten Klotz und einen blauen Klotz.

Was das Kind dabei lernt:
## Denkfähigkeiten, Kreativität

# Tier-Mix

Fast alle Kinder puzzeln mit großer Begeisterung und Ausdauer. Besonders wenn am Ende so verrückte Dinge wie ein „Hühnerschwein" oder eine „Hundekatze" dabei entstehen.

## So geht es

▶ Schauen Sie sich gemeinsam mit dem 2-Jährigen Tierbilder in Zeitschriften an, und unterhalten Sie sich darüber, wie die Tiere aussehen: Haben sie ein Fell, wie viele Beine haben sie, haben sie große Nasen? etc.

▶ Schneiden Sie die Tierfotos aus, und kleben Sie sie auf Karteikarten in DIN A5.

▶ Schneiden Sie jede Karteikarte in der Mitte quer durch. Vermischen Sie anschließend alle Teile miteinander. Helfen Sie dem Kind dabei, die passenden Teile einander zuzuordnen.

▶ Lassen Sie das Kind aus den Karten Fantasietiere legen. Es könnte zum Beispiel aus einem Katzenkopf und einem Pferdekörper ein „Katzenpferd" erfinden. Sprechen Sie mit ihm über die so entstandenen Tiere. Was für ein Geräusch macht wohl ein „Hühnerschwein"?

### Tipp
Sie können sich auch lustige Namen für die verrückten Tiere ausdenken, z.B. „Schmetterschwein" für den Tier-Mix aus Schwein und Schmetterling.

... für 2-Jährige

Was das Kind dabei lernt:
### sortieren

*Spiele für 34 bis 36 Monate*

# Von roten und von grünen Bohnen

Für ein Sortierspiel sind Bohnen bestens geeignet.

## So geht es

▶ Nehmen Sie Bohnen verschiedener Sorten, und vermischen Sie sie in einer Schüssel.

▶ Helfen Sie dem 2-Jährigen dabei, die Bohnen auf verschiedene Arten zu sortieren, zum Beispiel nach Größe oder Farbe. Unterhalten Sie sich dabei über die Merkmale der unterschiedlichen Sorten.

▶ Wenn Sie alle Bohnen sortiert haben, waschen Sie sie gemeinsam.

▶ Geben Sie die Bohnen in einen Topf mit Wasser. Sie sollten mit Wasser bedeckt sein.

▶ Fügen Sie verschiedene Gemüsesorten und Dosentomaten hinzu. Lassen Sie alles so lange kochen, bis die Bohnen weich sind.

▶ Schmecken Sie Ihre Bohnensuppe mit Kräutern und Gewürzen ab, und probieren Sie sie mit dem Kind.

## Sicherheitstipp

Lassen Sie das Kind nicht unbeobachtet, wenn es die Bohnen sortiert. Auch in diesem Alter könnte es passieren, das es sich Bohnen in den Mund stecken möchte.

Was das Kind dabei lernt:
**zählen, Sozialkompetenz**

# Eine Party feiern

Bei einer Party mit seinen imaginären Freunden oder den Plüschtieren können Kinder so einiges lernen: Nicht nur das Zählen wird geübt, sondern auch soziale Fähigkeiten verbessert.

## So geht es

▶ Überlegen Sie zusammen mit dem Kind, wie viele Freunde Sie zu der Party einladen wollen. Zählen Sie die Anzahl der Gäste.

▶ Besorgen Sie Geschirr, Becher und Besteck aus Plastik oder Pappe, und decken Sie damit den Tisch. Zählen Sie laut jeden Gegenstand, den Sie auf dem Tisch ablegen, und lassen Sie das Kind dabei helfen.

▶ Setzen Sie die Stofftiere auf die Stühle an den Tisch, oder bitten Sie die imaginären Freunde des Kindes, Platz zu nehmen. Fordern Sie das Kind auf, sich zu Ihren Gästen zu setzen.

▶ Legen Sie auf jeden Teller geschnittenes Obst. Beginnen Sie ein Gespräch, bei dem Sie jeden Gast mit Namen ansprechen. Beziehen Sie dabei auch das Kind mit ein. Stellen Sie Fragen, z.B.:

Herr Hase, mögen Sie dieses Stück Birne?
Teddy, was hast du heute gefrühstückt?

Was das Kind dabei lernt:
**Abläufe vorhersehen**

# Teddys Geburtstagsparty

Veranstalten Sie ein bis zwei Wochen vor dem Geburtstag des Kindes eine Geburtstagsparty für den Teddy. So bereiten Sie das Kind auf Ereignisse vor, die bei einer richtigen Party geschehen könnten.

## So geht es

▶ Versammeln Sie den Teddy und alle seine Plüschtierfreunde an einer Stelle, oder setzen Sie sie an einen Tisch.

▶ Überlegen Sie, wie Sie die Geburtstagsfeier für das Kind gestalten wollen, und spielen Sie den gleichen Ablauf bei der Geburtstagsfeier für den Teddy durch.

○ Malen Sie ein Schild: „Herzlichen Glückwunsch zum Geburtstag, Teddy!"
○ Schmücken Sie das Zimmer.
○ Spielen Sie einfache Partyspiele, z.B. Plumpsack oder Ringelreihe.
○ Packen Sie Geschenke für den Teddy ein, zum Beispiel einen Lolli, ein Buch oder ein Spielzeug, mit dem auch das Kind spielen kann.
○ Backen Sie einen Geburtstagskuchen.
○ Singen Sie „Happy Birthday".

Was das Kind dabei lernt:
## Kreativität

# Hut-Theater

Bestimmt haben Sie als Kind selbst gerne Mamas oder Opas Hüte aufprobiert.

## So geht es

▶ Holen Sie verschiedene Hüte. Setzen Sie einen Hut auf, und erzählen Sie dem Kind, wie Sie aussehen. Ermuntern Sie das Kind, Ihrem Beispiel zu folgen, und sagen Sie ihm, wie es aussieht. Probieren Sie noch zwei oder drei weitere Hüte an.

▶ Singen Sie mit dem Kind ein einfaches Lied, in dem zwei Personen vorkommen, z.B. zwei Tiere.

▶ Setzen Sie einen der Hüte auf, und tun Sie so, als wären Sie eine der Personen aus dem Lied. Verstellen Sie Ihre Stimme passend dazu. Setzen Sie den anderen Hut auf, und schlüpfen Sie dabei zugleich in die Rolle der anderen Person.
Beispiel: Sie haben das Lied „Der Kuckuck und der Esel" gesungen. Dann setzen Sie sich den ersten Hut auf und sagen als Esel: **„Was tust du am liebsten?"** Setzen Sie sich jetzt den zweiten Hut auf, und antworten Sie als Kuckuck: **„Auf einem Baum sitzen."** …

▶ Sobald das Kind das Prinzip dieses Spiels verstanden hat, kann es selbst versuchen, in die Rollen der Figuren zu schlüpfen.

### Hinweis

Dieses Spiel erfordert viel Konzentration. Wenn das Kind keine Lust mehr zum Weiterspielen hat, beenden Sie es.

Was das Kind dabei lernt:
### Kreativität

*Spiele für 34 bis 36 Monate*

# Farbenwischerei

Dieses einfache Malspiel ist bei 2-Jährigen der Renner.

## So geht es

▶ Nehmen Sie ein weißes Blatt Papier, das relativ fest ist, und tupfen Sie Tempera-Farbe darauf.

▶ Falten Sie das Papier in der Mitte zusammen. Ermutigen Sie das Kind, die Farbe auf dem gefalteten Papier zu „verwischen".

▶ Klappen Sie zum Schluss das Blatt wieder auf, und schauen Sie sich das schöne Bild an.

### Hinweis

Je mehr Farben Sie verwenden, desto interessanter sieht hinterher das fertige Werk aus.

Was das Kind dabei lernt:
**Formen wahrnehmen**

# Verschiedene Formen

Für 2-Jährige können Spiele zur Form-Wahrnehmung schon etwas schwieriger gestaltet werden. Sie können Formen nun allmählich auch auf Dinge übertragen, die sich auf Grund ihrer Größen und Materialien stark voneinander unterscheiden.

## So geht es

▶ Schneiden Sie ein kreisförmiges Stück Papier aus, und zeigen Sie es dem Kind. Erklären Sie ihm, dass Sie heute beide nach runden Formen Ausschau halten werden.

▶ Zeigen Sie dem Kind im Laufe des Tages verschiedene runde Dinge, die Ihnen begegnen, z.B. ein rundes Schild, einen runden Schubladengriff, einen Dreiradreifen, Türknäufe und Bälle.

▶ Wenn das Kind gelernt hat, wie ein Kreis oder etwas Rundes aussieht, variieren Sie das Spiel mit einer anderen Form.

Was das Kind dabei lernt:
## Formen wahrnehmen

*Spiele für 34 bis 36 Monate*

# Kreise malen

Nach dem folgenden Spiel werden Sie verblüfft sein, wie viele kreisförmige Dinge Ihnen täglich begegnen.

### So geht es

▶ Denken Sie sich viele verschiedene Möglichkeiten aus, wie Sie einen Kreis darstellen können, zum Beispiel mit Daumen und Zeigefinger, mit den Armen oder mit mehreren Plüschtieren. Sie können auch runde Gegenstände, wie Tassen oder Schüsseln auf ein Blatt Papier legen und mit dem Stift einen Kreis darumzeichnen.

▶ Sagen Sie jedes Mal das Wort „Kreis", wenn Sie einen Kreis darstellen.

▶ Machen Sie sich mit dem Kind im Haus, in Ihrer Einrichtung oder wenn Sie draußen unterwegs sind, auf die Suche nach Kreisen.

▶ Geben Sie dem Kind ein großes Blatt Papier und einen dicken Wachsmalstift. Führen Sie seine Hand, wenn es Kreise malt. Halten Sie runde Gegenstände auf dem Papier fest, und lenken Sie die Hand des Kindes beim Malen darum herum.

Was das Kind dabei lernt:
**Formen wahrnehmen**

# Zeig das Viereck, zeig den Kreis

Wenn 2-Jährige gelernt haben, verschiedene Formen an unterschiedlichen Dingen wiederzuerkennen, lernen sie langsam, diese auch voneinander zu unterscheiden.

## So geht es

▶ Schneiden Sie zwei unterschiedliche Formen aus Karteikarten aus, zum Beispiel einen Kreis und ein Viereck.

▶ Geben Sie dem Kind die Formen. Bitten Sie es, die Formen mit Wachsmalstiften anzumalen. Singen Sie folgende Verse auf die Melodie von „Bruder Jakob", und ermuntern Sie das Kind, an den passenden Stellen Kreis oder Viereck hochzuhalten.

Zeig das Viereck, zeig das Viereck.
Danke sehr, danke sehr.
Daran sind vier Ecken, daran sind vier Ecken.
Seht nur her, seht nur her.

Zeig den Kreis, zeig den Kreis.
Danke sehr, danke sehr.
Er hat keine Ecken, er hat keine Ecken.
Seht nur her, seht nur her.

▶ Bieten Sie dem Kind Toastsbrotscheiben in verschiedenen Formen an, und unterhalten Sie sich darüber.

... für 2-Jährige

Was das Kind dabei lernt:
**Farben wahrnehmen, sprachliche Fähigkeiten**

# Rotes Essen

*Spiele für 34 bis 36 Monate*

Bei folgendem Spiel steht die Farbe Rot im Mittelpunkt. Vielleicht bietet es dem Kind auch noch neue Geschmackserlebnisse.

## So geht es

▶ Bereiten Sie gemeinsam mit dem Kind rote Speisen zu. Sprechen Sie dabei mit ihm darüber, wie sie heißen und schmecken.

▶ Stellen Sie auch rote Getränke bereit. Tomaten- und roter Traubensaft haben einen besonders kräftigen Geschmack. Ermuntern Sie das Kind, den Saft für sich einzuschenken und ihn zu probieren.

▶ Waschen Sie gemeinsam mit dem Kind Tomaten ab. Schneiden Sie sie klein und essen Sie die Stückchen.

▶ Zeigen Sie dem Kind auch rote Früchte, zum Beispiel Äpfel, Erdbeeren und Kirschen. Waschen Sie die Früchte gemeinsam mit dem Kind. Schneiden Sie sie dann klein, und ordnen Sie sie auf einem Teller an. Sie können beispielsweise Gesichter damit legen oder geometrische Formen.

Was das Kind dabei lernt:
## Zahlen

# Viele, wenige, einer

Selbst wenn das Kind schon „eins" und „zwei" sagen kann und dabei einen oder zwei Finger in die Höhe hält, bedeutet das nicht unbedingt, dass es auch das Konzept verstanden hat. Das Kind lernt Zahlen besser, wenn es dabei alle Sinne mit einbezieht.

## So geht es

▶ Unterhalten Sie sich mit dem Kind, und greifen Sie dabei die Begriffe **„viele"**, **„wenige"** und **„einer"** auf. Bilden Sie zum Beispiel Häufchen aus Bausteinen mit sieben, drei und einem Stein. Unterhalten Sie sich dann mit dem Kind darüber, auf welchem Häufchen wenige, auf welchem viele Steine oder nur ein Stein liegt. Ermuntern Sie das Kind, Ihnen einen Klotz zu geben.

▶ Ordnen Sie noch andere Gegenstände an. Legen Sie z.B. viele, wenige und ein Plüschtier zusammen. Ermuntern Sie das Kind abschließend immer, Ihnen einen der Gegenstände zu geben.

▶ Wenn das Kind versteht, was **„eins"** bedeutet, verdeutlichen Sie ihm, was sich hinter der Bezeichnung **„zwei"** verbirgt. Verwenden Sie verschiedene Gegenstände zur Veranschaulichung, zum Beispiel zwei Socken, zwei Schuhe, zwei Hände usw.

▶ Spielen Sie das ganze Spiel von vorne, und achten Sie darauf, dass dabei stets eine „Zweiergruppe" vorkommt.

Was das Kind dabei lernt:
**Zahlen**

# Kreidezahlen

*Spiele für 34 bis 36 Monate*

In diesem Alter kann das Kind vielleicht schon die ersten Zahlen in der richtigen Reihenfolge aufsagen. Sein Zahlenverständnis kann es bei folgendem Spiel festigen.

## So geht es

▶ Gehen Sie mit dem Kind ins Freie und malen Sie die Zahlen von 1 bis 10 groß und deutlich mit farbiger Kreide auf den Boden. Achten Sie darauf, dass das Kind erkennen kann, wo die eine Zahl endet und die nächste beginnt.

▶ Nehmen Sie das Kind an der Hand, und gehen Sie mit ihm über die Zahlen. Lesen Sie die Zahlen jeweils laut vor, während Sie darauftreten.

▶ Nun ist das Kind an der Reihe. Ermuntern Sie es, alleine über die Zahlen zu gehen, während Sie sie vorlesen. Geht das Kind langsam, sagen auch Sie die Zahlen langsam auf. Geht das Kind schnell, sagen Sie die Zahlen schnell auf.

▶ In einem weiteren Durchlauf können Sie das Kind dazu bewegen, gemäß dem Zahlenwert auf der Stelle zu hüpfen. Zählen Sie dabei laut mit.

**Variante**

Schreiben Sie das Alphabet oder die Namen von Familienmitgliedern in die Kästchen.

Was das Kind dabei lernt:
## Gewichte wahrnehmen, Mengen vergleichen

# Schwerer oder leichter?

Bei diesem Spiel kann das Kind ein erstes Gespür dafür entwickeln, Dinge unterschiedlichen Gewichts miteinander zu vergleichen. Das wird sicher zunächst eine ziemliche Herausforderung sein.

## So geht es

▶ Nehmen Sie vier verschiedene Sorten getrockneter Hülsenfrüchte, z.B. rote Bohnen, rote und gelbe Linsen und Erbsen. Füllen Sie diese nach Sorten getrennt in vier durchsichtige Plastikbeutel. Jeder Beutel sollte unterschiedliche Mengen enthalten.

▶ Zeigen Sie dem Kind die Beutel. Fragen Sie das Kind **„Welcher Beutel ist schwerer? Welcher ist leichter?"**, und lassen Sie es Vermutungen äußern.

▶ Ermuntern Sie das Kind, die Beutel nacheinander hochzuheben. Lassen Sie das Kind zwei Beutel gleichzeitig hochheben und überlegen, welcher von beiden der schwerere und welcher der leichtere ist. Helfen Sie ihm, die Beutel nach Gewicht zu sortieren.

... für 2-Jährige

Was das Kind dabei lernt:
### Spaß haben

*Spiele für 34 bis 36 Monate*

# Tuchverkäufer

Kinder lieben es, immer wieder in neue Rollen zu schlüpfen.

### So geht es

▶ Füllen Sie eine leere Schachtel mit so vielen Stofftüchern, wie hineinpassen.

▶ Sagen Sie zu dem Kind: „Tücher zu verkaufen, schöne Tücher zu verkaufen. Kaufen Sie ein Tuch!"

▶ Lassen Sie das Kind ein Tuch aus der Schachtel ziehen. Zeigen Sie ihm, wie es damit durch das Zimmer tanzen kann.

▶ Wiederholen Sie „Tücher zu verkaufen!", und lassen Sie das Kind ein weiteres Tuch aus der Schachtel ziehen. Ermuntern Sie es, wieder damit durch das Zimmer zu tanzen. Sagen Sie dem Kind bei jedem Tuch, das es aus der Schachtel zieht, welche Farbe es hat.

▶ Wenn das Kind alle Tücher aus der Schachtel gezogen hat, bitten Sie es, sie wieder in die Schachtel zu stecken.

▶ Tauschen Sie die Rollen.

Was das Kind dabei lernt:
# beobachten

# Was kreucht und fleucht im Blumenbeet?

Mit einer Lupe betrachtet sehen die Dinge plötzlich ganz anders aus.

## So geht es

▶ Zeigen Sie dem 2-Jährigen Abbildungen von Insekten, zum Beispiel von Fliegen, Bienen und Spinnen.

▶ Gehen Sie nach draußen, und kennzeichnen Sie mit einem Stock einen kleinen Bereich auf einem Blumenbeet oder unter einem Busch am Wegrand. Schauen Sie sich gemeinsam die Stelle genau an, um festzustellen, ob sich dort etwas bewegt.

▶ Geben Sie dem Kind eine Lupe, damit es nach Insekten suchen kann. Es wird erstaunt sein, was es damit alles sehen kann.

▶ Probieren Sie die Lupe an einer anderen Stelle im Garten aus und beginnen Sie das Spiel von vorne.

... für 2-Jährige

Was das Kind dabei lernt:
**Natur wahrnehmen, beobachten**

*Spiele für 34 bis 36 Monate*

# Tierspuren und Vogelzwitschern

Nutzen Sie einen warmen Frühlings- oder Sommertag für allerlei Entdeckungen im Freien.

## So geht es

▶ Nehmen Sie das 2-Jährige auf einen Spaziergang mit nach draußen, und gehen Sie auf die Suche nach Insekten und anderen Tieren.

▶ Falls Sie ein Eichhörnchen oder einen Hasen sehen, unterhalten Sie sich darüber, wie sich diese Tiere fortbewegen. Versuchen Sie, die Bewegungen der Tiere nachzuahmen.

▶ Suchen Sie nach Tierspuren, zum Beispiel nach Löchern im Boden oder Fußspuren in der Erde. Halten Sie auch Ausschau nach Vogelnestern und Eichhörnchenbauten.

▶ Machen Sie das Kind auf das Zwitschern der Vögel aufmerksam. Überlegen Sie gemeinsam, aus welcher Richtung einzelne Vogelstimmen zu hören sind oder welcher Vogel gerade zwitschert.

▶ Setzen Sie sich nebeneinander und genießen Sie die frische Luft auf Ihrer Haut und die Düfte der Natur.

Was das Kind dabei lernt:
**Natur wahrnehmen, beobachten**

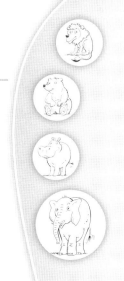

# Kleiner Blumenforscher

Bringen Sie das Kind mit ein paar kleinen Experimenten ins Staunen.

## So geht es

▶ Pflanzen Sie zwei Blumensamen in zwei Blumentöpfe ein. Stellen Sie einen der beiden Töpfe in die Sonne. Der andere soll hingegen keine Sonne abbekommen.

▶ Gießen Sie die Samen jeden Tag. Lassen Sie das Kind dabei helfen und beobachten, dass Sonnenlicht wichtig für Pflanzen ist.

▶ Wiederholen Sie den Versuch, aber stellen Sie diesmal beide Töpfe ins Sonnenlicht. Gießen Sie nur einen der beiden Töpfe. Nun kann das Kind erkennen, wie wichtig Wasser zum Wachsen ist.

▶ Schauen Sie sich Blumen in der Natur an. Unterhalten Sie sich mit dem Kind darüber, dass auch diese einmal aus kleinen Samen gewachsen und nun zu schönen Blumen geworden sind.

... für 2-Jährige

Was das Kind dabei lernt:
## Gleiches und Unterschiedliches wahrnehmen

*Spiele für 34 bis 36 Monate*

# Reise durch die Natur

Gerade für Kinder bietet die Natur viele interessante Entdeckungen. Bei folgendem Spiel kann das Kind verschiedene Wahrnehmungsfähigkeiten trainieren.

### So geht es

▶ Sammeln Sie draußen in der Nähe Ihrer Einrichtung oder Ihres Hauses ein paar Gegenstände, zum Beispiel einen Stein, eine Blume, einen Zweig und ein Ahornblatt.

▶ Zeigen Sie dem Kind Ihre Sammlung, und unterhalten Sie sich mit ihm darüber. Lassen Sie das Kind die Dinge festhalten, während Sie ihm etwas über deren Struktur und Farbe erzählen.

▶ Gehen Sie gemeinsam ins Freie, und suchen Sie passende Gegenstände. Führen Sie das Kind an die Stelle, wo Sie die Blume oder das Ahornblatt gefunden haben, und bitten Sie es, eine weitere Blume oder ein weiteres Blatt zu suchen.

Was das Kind dabei lernt:
# beobachten

# Was fehlt in der Kiste?

Bei diesem Spiel muss das Kind gut nachdenken.

## So geht es

▶ Sammeln Sie draußen gemeinsam Dinge, die das Kind schon kennt, zum Beispiel Blätter, Kastanien, Steine oder Blumen.

▶ Breiten Sie zu Hause oder in der Einrichtung Ihre Fundstücke auf dem Boden aus, und unterhalten Sie sich darüber. Benennen Sie sie dabei, und sagen Sie auch etwas über sie, zum Beispiel:
„Die Blätter sind von den Bäumen herabgefallen."

▶ Nehmen Sie drei Ihrer Fundstücke, und legen Sie sie in einen Karton. Wiederholen Sie dabei deren Namen.

▶ Fordern Sie das Kind dazu auf, sich die Augen zuzuhalten. Nehmen Sie dann einen von den drei Gegenständen heraus.

▶ Lassen Sie das Kind herausfinden, welches Fundstück fehlt. Sagen Sie dazu den Spruch:

Ene mene miste,
was fehlt in der Kiste?

### Variation

Sie können auch mehr als drei Dinge in den Karton legen. Um den Schwierigkeitsgrad noch mehr zu steigern, nehmen Sie nicht nur einen, sondern mehrere Gegenstände heraus.

... für 2-Jährige

Was das Kind dabei lernt:
**beobachten**

# Sternengefunkel

Dem Kind macht es sicher Spaß, an einem warmen Sommerabend den Nachthimmel zu betrachten.

## So geht es

▶ Nehmen Sie sich eine Decke, legen sich mit dem Kind nach draußen und betrachten Sie den Nachthimmel.

▶ Sprechen Sie über Dinge, die Sie am Himmel sehen. Erzählen Sie von Astronauten auf dem Mond, und stellen Sie sich vor, wie es dort aussehen könnte.

▶ Erläutern Sie, was das Wort „Wunsch" bedeutet, und erklären Sie dem Kind, dass man sich beim Aufleuchten des ersten Sterns etwas wünschen kann. Singen Sie das Sternenwunschlied mit leiser Stimme auf eine selbsterdachte Melodie.

Wenn's Abend wird, wenn's draußen dunkelt
und der erste Stern auffunkelt,
schick ich einen Wunsch ganz leise
auf die lange, lange Reise
und hoffe, dass er irgendwann
in Erfüllung gehen kann.

## Internettipp

Weitere passende Lieder können Sie auf der Seite **www.spiellieder.de** finden – unter anderm auch die Melodie des Liedes „Twinkle, Twinkle, Little Star".

Was das Kind dabei lernt:
**Selbstkontrolle**

# Schlafendes Kätzchen

Zeigen Sie dem Kind Wege, mit seinen Gefühlen umzugehen, wenn es einmal wütend sein sollte.

## So geht es

▶ Setzen Sie sich auf ein Sofa oder in einen Sessel. Nehmen Sie das Kind auf den Schoß oder bitten Sie es, sich neben Sie zu setzen.

▶ Sagen Sie leise: „Jetzt stellen wir uns ein schlafendes Kätzchen vor." Tun Sie so, als ob Sie schlafen.

▶ Sagen Sie dann: „Nun stellen wir uns kleine Fische im Wasser vor. Sie sind ganz leise, wenn sie schwimmen." Tun Sie so, als ob Sie kleine Fische im Wasser wären.

▶ Erzählen Sie dem Kind, dass es immer dann, wenn es wütend ist, an schlafende Kätzchen oder kleine Fische denken kann.

▶ Wiederholen Sie die Übung, damit das Kind sie sich besser einprägen kann.

... für 2-Jährige

# Literatur, Musik und Internet

## Literaturtipps

Bostelmann, Antje (Hrsg.):
✕ **Praxisbuch Krippenarbeit.**
**Leben und lernen mit Kindern unter 3.**
Verlag an der Ruhr, 2008.
ISBN 978-3-8346-0353-1

Bostelmann, Antje (Hrsg.):
**So gelingen Portfolios in Kita und Kindergarten.**
**Beispielseiten und Vorlagen.**
3–6 J. Verlag an der Ruhr, 2008.
ISBN 978-3-8346-0322-7

Bostelmann, Antje (Hrsg.):
**Das Portfolio-Konzept für die Krippe.**
0–3 J. Verlag an der Ruhr, 2008.
ISBN 978-3-8346-0413-2

Casey, Beth; Jones, Caroline:
**Lernen kann ich immer und überall!**
**Weltentdeckungen und Lernanregungen für 3- bis 5-Jährige.**
Verlag an der Ruhr, 2007.
ISBN 978-3-8346-0243-5

✕ Beek, Angelika; Fuchs, Ragnhild; Strätz, Rainer:
**Bildung beginnt mit der Geburt.**
**Ein offener Bildungsplan für Kindertageseinrichtungen in Nordrhein-Westfalen.**
Cornelson Verlag Scriptor, 2005.
ISBN 978-3-589-25373-9

Largo, Remo H.:
**Kinderjahre. Die Individualität des Kindes als erzieherische Herausforderung.**
Piper Verlag, 2008.
ISBN 978-3-492-23218-0

## Musiktipps

Blesius, Susanne:
**Ich und Du. Kinderreime aufgesagt und abgezählt,
angespielt und gesungen. Audio-CD.**
Patmos Verlag, 2001.
ISBN 978-3-491-88780-0

Sarholz, Margit; Meier, Werner:
**Auf der Mauer, auf der Lauer.
Kinderlieder-Klassiker, frisch, keck und quicklebendig.
Audio-CD.**
Sternschnuppe Verlag, 2004.
ISBN 978-3-932703-56-0

## Internettipps

**www.kindergarten-workshop.de**
Mit vielen Spiel- und Bastelideen, Tipps für den Kita-Alltag, Erziehungsfragen, Foren etc.

**www.familienhandbuch.de**
Hier finden Sie ein Internet-Handbuch zu Themen der Kindererziehung, Partnerschaft und Familienbildung für Eltern, Erzieher, Lehrer und Wissenschaftler.

Die in diesem Werk angegebenen Internet-Adressen haben wir geprüft (Stand Januar 2009). Da sich Internetadressen und deren Inhalte schnell verändern können, ist nicht auszuschließen, dass unter einer Adresse inzwischen ein ganz anderer Inhalt angeboten wird. Wir können daher für die angegebenen Internetseiten keine Verantwortung übernehmen.

# Verlag an der Ruhr

Postfach 10 22 51
45422 Mülheim an der Ruhr

Alexanderstraße 54
45472 Mülheim an der Ruhr

Telefon 02 08/495 04 900
Fax 02 08/495 04 295

bestellung@verlagruhr.de
www.verlagruhr.de

Es gelten die Preise auf unserer Internetseite.

■ **Das Portfolio-Konzept für die Krippe**
Antje Bostelmann (Hrsg.)
0–3 J., 112 S., A4, Paperback, vierfarbig
ISBN 978-3-8346-0413-2
**Best.-Nr. 60413**
19,80 € (D)/20,35 € (A)/34,70 CHF

■ **So gelingen Portfolios in der Krippe**
Beispielseiten und Vorlagen
Antje Bostelmann (Hrsg.)
0–3 J., 72 S., A4, Paperback, vierfarbig
ISBN 978-3-8346-0466-8
**Best.-Nr. 60466**
17,80 € (D)/18,30 € (A)/31,20 CHF

■ **Praxisbuch Krippenarbeit**
Leben und lernen mit Kindern unter 3
Antje Bostelmann (Hrsg.)
0–3 J., 129 S., A4, Paperback, vierfarbig
ISBN 978-3-8346-0353-1
**Best.-Nr. 60353**
19,80 € (D)/20,35 € (A)/34,70 CHF

■ **Ohren an das Knie heran, ob die Nase wackeln kann?**
Bewegungsreime zur Sprachförderung
Tina Weiler
3–6 J., 71 S., 16 x 23 cm, Spiralbindung, vierfarbig
ISBN 978-3-8346-0321-0
**Best.-Nr. 60321**
14,50 € (D)/14,90 € (A)/25,90 CHF

## Keiner • darf • zurückbleiben